大夏书系 | 全国中小学班主任培训用书

不发火、不说教，也能带好班

小学班主任工作智慧

郝晓青 / 著

华东师范大学出版社
·上海·

目 录
CONTENTS

推荐序　一个老班主任的智慧与情怀　　　　　　　　　　001
前　言　新语境下的思考　　　　　　　　　　　　　　　003

第一章　有备而来"不发火"
——尊重学生天性，做实日常工作

一、学生"小"，工作"实"　　　　　　　　　　　　003
（一）尊重年龄特征，找准着力点　　　　　　　　　003
（二）分层处理日常事务中的"大"与"小"　　　　005
（三）巧妙处理家长信息　　　　　　　　　　　　　012

二、工作"碎"，态度"端"　　　　　　　　　　　　015
（一）小学班主任的日常工作　　　　　　　　　　　015
（二）学会思考，智慧工作　　　　　　　　　　　　017
（三）敢于放手，"扶"与"放"相结合　　　　　　029

三、故事育人，渗透德育　　　　　　　　　　　　　034
（一）多听多看，发现故事　　　　　　　　　　　　034
（二）活动中巧用素材　　　　　　　　　　　　　　036
（三）捕捉契机讲故事　　　　　　　　　　　　　　038

第二章　自主管理"不强制"
——构建班级管理的"黏性"要素

一、尊重学生主体地位，"我的班级我做主"　　044
　　（一）自己的班规自己定　　044
　　（二）自己的管家自己选　　046
　　（三）自己的岗位自己领　　047
　　（四）排座位的方法　　049

二、制度里面加点温度，让班级管理更高效　　050
　　（一）管理有法无定法　　050
　　（二）评价让管理看得见　　051

三、班级常规管理的 6 个小锦囊　　055
　　（一）锦囊 1："苦肉计"，以身示范　　055
　　（二）锦囊 2："照镜子"，自省促成长　　057
　　（三）锦囊 3：夸张的赞美，让优秀成为荣耀　　059
　　（四）锦囊 4：堵不如疏，倡导有意义的活动　　060
　　（五）锦囊 5：严中有爱，促习惯养成　　061
　　（六）锦囊 6：善用信息技术　　062

第三章　转危为机"不急躁"
——学习育人智慧

一、学会倾听　　069
二、学会等待　　072
三、学会控制自我　　076
四、巧用纠纷案例引领成长　　079
五、处理突发事件，做好家校沟通　　082
六、学会放低身段　　085

第四章　创设和谐班级"不说教"
　　　　——从接班开始

一、幼小衔接，如何尽快创设和谐班级　　091
　（一）入学适应期，班主任怎样开展班级工作　　092
　（二）巧妙利用"初相识"，在和谐中创建班级　　096
　（三）幼小衔接常见的几个"怎么办"　　099

二、中途接班的"特殊班级"管理策略　　106
　（一）建立集体观念　　107
　（二）特殊学生可以改变　　110
　（三）用善良的心理解学生的特殊行为　　111
　（四）发挥学生潜能，让学生在自主管理中成长　　112
　（五）真情融入学生，师生同台演绎精彩　　113

三、融合教育"真融合"　　114
　（一）融合教育面临的困境　　114
　（二）融合教育离不开家长的配合　　116
　（三）融合教育需要智慧的爱　　119

第五章　家校携手"不孤单"
　　　　——拓宽协同教育的着力点

一、置身新语境，更新角色意识　　135
　（一）了解家长需求，定位新语境　　136
　（二）置身新语境，理解家校协同教育的必要性　　138
　（三）新语境下家长会怎么开　　139

二、智慧引领，让家庭、学校教育与孩子成长同步　　140
　（一）走进家庭，了解孩子行为背后的故事　　140
　（二）不同家长，智慧应对　　145

三、品读故事，为家长互助搭设平台　　　　　　　155
　　（一）亲子阅读，让书中的故事改变孩子的行为　　155
　　（二）让数字发声，更有说服力　　　　　　　　156
　　（三）关系紧张时，让书信成为和平使者　　　　157
　　（四）和孩子一起改变　　　　　　　　　　　　158
　　（五）巧用汉字文化，帮助孩子"解惑"　　　　　160
　　（六）平等对话变"要我做"为"我要做"　　　　162
　　（七）学会包容，静待花开　　　　　　　　　　163

第六章　智慧沟通"不焦虑"
——案例分享说策略

一、剥洋葱式沟通，寻找问题根源　　　　　　　　168
二、换个角度对话，让沟通更有效　　　　　　　　171
三、顺势而为，悦纳促成改变　　　　　　　　　　174
四、共情是沟通的保障　　　　　　　　　　　　　176
五、成长同步，沟通才能同步　　　　　　　　　　179

后　记　静享教育之美　　　　　　　　　　　　　183

推荐序
一个老班主任的智慧与情怀

晓青老师把《不发火、不说教，也能带好班：小学班主任工作智慧》第八版修改稿发给我，希望我能写几句话。我认真阅读了每一个章节，被她且行且思的工作态度感动，被她智慧做班主任的情怀感染，更被她笔耕不辍的 20 多年班主任经历震撼。

2011 年我来到北京市育英学校担任校长，当时学校小学部负责同志把晓青老师撰写的 40 万字班级故事发给我，里面记录了她和孩子共同成长的点点滴滴。我能够透过文字真实感受到晓青老师班主任工作的丰富内涵。40 万字，每一个字、每一次键盘的敲打，都是一个个爱的符号。当时我就给晓青老师打电话，让她对这些零散的文字进行梳理，争取出本书。晓青老师因工作头绪多、事务忙，迟迟没有动笔，不过她的班级故事却依然在精彩继续。尤其是不管教哪个班级，不管遇到怎样的学生，每周五晚上她的班级故事分享都会如约而至。她对班主任工作的执着与坚持一次又一次打动着我。

2022 年，晓青老师由于身体原因，暂时离开班级、离开学生，终于有了一点时间。书稿也在这一年形成雏形，而后是历时一年多的打磨。由最初的故事汇编，逐渐上升到对班主任工作的理性思考，由一本故事集变成了一本策略指南。20万字浓缩到13万字，数易其稿，整本书发生了很大的变化，让我感受到了她对工作精益求精的态度和传承班主任工作经验的责任担当。

晓青老师是在育英这片沃土上成长起来的优秀班主任，很多想法、做法既有个人的特点，又代表了学校班主任团队的共同追求。针对小学生的特点和小学班主任工作的特殊性，晓青老师强调工作要"实"，从实际出发，扎扎实实，务求实效，她细心归纳出的"小学生常见纠纷分类及解决策略表"，内容丰富，策略明确。晓青老师提出态度要"端"，正确的认识和积极的态度是走向成功的必然前提，她提炼的"小学各年级育人目标框架"和月份工作统筹规划案例值得学习和借鉴。晓青老师说"眼里有人、心中有爱是好故事的发源地"，用关心关爱让每个学生感受到"我在老师的心里""我的老师很爱我"。这是以人为本、以生为本的充分体现，再次验证了爱是做好一切工作的奥秘所在。晓青老师提倡"制度里面要有温度"，注意"激发、唤醒学生成长的内驱力"，这是小学班主任工作的一条黄金法则；她还提出要注重"沟通"，磨炼"沟通的艺术"，这是小学班主任最重要的基本功之一。晓青老师曾主动参加"知心姐姐"的培训并有义务接线员的经历，在多年实践基础上总结提炼了一些沟通的方式方法。近百个案例，数十条工作策略共同构成了这本《不发火、不说教，也能带好班：小学班主任工作智慧》，希望能给广大小学班主任带来一些启迪！

北京市育英学校党委书记　于会祥

2024年1月

前 言
新语境下的思考

人们常说,所有的经历都是最好的安排。2022年因为身体原因,我不得不暂时告别坚守了20多年的班主任岗位,有太多的不舍。但是慢下来的生活节奏,却让我萌生了要写点什么的想法。

"老师,我也想生病,那样就可以天天和您在一起。"稚嫩的声音带给我满满的职业幸福。"老师,小学五年,我们班发生了那么多故事,现在想来,太幸福了。我累的时候,总想去看看。"学生无意间的流露,让我更加意识到:小学班主任对学生的教育,不是说教的结果,而是一个个故事的积淀。用故事唤醒学生成长的内驱力,这将成为学生健康成长的一笔精神财富。

卧床期间,各种自媒体关于为中小学生减负的消息扑面而来;一些校园恶性事件屡有发生;来探访的老师各种焦虑、吐槽。这些让我陷入深深的思考:教师有压力,家长很焦虑,学生的心理问题日益突出,一系列问题的根源在哪儿?小学班主任,在初始教育中,怎样做到育真人,真育人?

当下社会整体环境对小学班主任从专业情怀到专业知识和专业技能,都提出了更高要求。可以说,小学班主任自身的成长与发展已经是迫在眉睫。单纯说教、一味高压早已成为教育的过去式。怎样让班主任工作置身新语境，做一个让家长、学生都喜欢的"不说教""不发火""有智慧"的班主任？我作为一个老班主任，一个多年从事家校协同教育工作的探究者，能为新语境下的年轻小学班主任工作做点什么？

20多年班主任经历，每周一篇班级故事，每篇故事都蕴含一种教育策略；13年家长学校工作，遇到的每一个案例都包含班主任在新语境下的思考；连续几年在全国青少年活动中心做"知心姐姐"义务接线员的培训、实践，每一个案例都是教育智慧的生长点。如果把这些整理出来，送给年轻新班主任，以及所有热爱班主任工作的同仁们，应该是一种分享和碰撞。临近退休，结合新语境，整理班主任日常工作，是一种自我成长，更是对自己班主任生涯的一个总结。

基于以上几点考虑，我萌生了要写这本书的想法。但是写什么，怎样写让它更有实用价值？我进行了广泛调研和深度思考，最终确定了这本书的六个部分。

一、有备而来"不发火"——尊重学生天性，做实日常工作

二、自主管理"不强制"——构建班级管理的"黏性"要素

三、转危为机"不急躁"——学习育人智慧

四、创设和谐班级"不说教"——从接班开始

五、家校携手"不孤单"——拓宽协同教育的着力点

六、智慧沟通"不焦虑"——案例分享说策略

"不发火、不说教"要从实际出发，遵循学生成长规律、遵循教育规律；"不发火、不说教"要有一套民主的制度管理班级，赢得班级学生的认可；"不发火、不说教"要

有教育智慧，能转危为机；"不发火、不说教"还要有良好的沟通能力，让"沟通"成为艺术，成为黏合剂；"不说教"是一种修为，是班主任和学生共同成长的一种自我修炼。

非常感谢我所在的学校——北京市育英学校，为我的班主任研究工作提供了丰厚的土壤。于会祥书记和杨冬梅校长一直鼓励我，好好整理自己的班主任工作经验，退休前，给年轻教师留下点什么；还要感谢我的智囊团：编辑任红瑚老师、张万珠老师、杨树滨校长、张艳霞院长、王国明主任、袁凤芹主任、艾天艳老师。他们多次针对写作及技术性问题给予指导，让书的内容更加系统、理性地呈现在大家面前；还要感谢我的女儿——北大附中教师李燕秋，她从年轻教师的视角，从高中学生及家长出现的问题出发，和我一起进行理性思考，结合新语境，深入剖析小学班主任的痛点。这本书对于我而言，是从教30多年的一次"质"的飞跃，也是智囊团集体智慧的结晶。

最后，我要特别感谢我所有可爱的学生及其家长，是他们让我感受到和谐的教育之美，并为我提供了大量详实的案例，让我在实践和研究中萌生带班智慧。我联系了几位相关案例的家长，获得他们的同意，但有些家长联系不上，在此一并致谢。

本书8次易稿，由单纯的案例积累，逐渐上升为理论指导下的策略研究，希望可以为新手班主任提供一些参考和借鉴。因为水平和能力有限，书中难免有错漏之处，敬请专家、同仁和读者们不吝赐教斧正。

第一章

有备而来"不发火"

——尊重学生天性,做实日常工作

学生们总说，喜欢温柔的、不发火、不说教的班主任。其实，老师们也不想成为"碎嘴婆婆"。但是小学班主任，每天面对琐碎、繁杂的班级事务，面对不知深浅的学生，不发火、不碎嘴，可能吗？怎样才能控制好自己的情绪，心平气和地教书育人？怎样把"说教"换成学生乐于接受的"唤醒"？

首先，"不说教"要从实际出发，遵循学生成长规律、遵循教育规律。了解了小学生的"小"字构成元素，再看班主任常规工作，路径会更加清晰。

一、学生"小"，工作"实"

（一）尊重年龄特征，找准着力点

小学班主任面对的教育对象是小学生，与中学、大学相比较，"小"是最突出的特点。了解、尊重学生的"小"字特性，班主任的日常工作会更加有的放矢。

1. 小学生，大视野

小学生虽然年龄小，但视野却是比较开阔的。信息化社会、多元化的家长、丰富的家庭文化背景等因素，使得他们踏进小学校门时，内心早已有了色彩斑斓的世界。机器人、编程、AI技术、视频制作等，有些班主任、任课教师不了解的领域，他们已经能像模像样地说道一番了。小学生的小脑瓜可没那么简单。

作为班主任，在丰富自己专业知识的同时，要适应社会发展的需求，跟上时代的步伐，主动开拓自己的视野，努力做到不被社会淘汰，不被学生淘汰。因此，班主任要调整自己的角色观，放低身段，倾听、悦纳学生，更好地发现并激发他们的潜能，和学生共同成长，这是每一位教育工作者应该秉持的一种态度。

2. 小朋友，大管家

小学处于基础教育的初始阶段。小学生年龄小，一年级新生才刚满六岁，六年级毕业时，也不过刚刚十一二岁。他们既保留着幼儿时期的童真与稚气，又具备了少年儿童的好奇心和求知欲。他们渴望被尊重、被认可，希望享受"小鬼当家"的乐趣，但是各方面技能又不完全具备。因此，帮助小学生实现"小朋友"到"大管家"的华丽转身，实现学生的可持续发展，让他们将来成为对社会有用的合格人才，是小学班主任的基本任务，也是教师职业最大的价值。习总书记2023年到育英学校考察时强调：少年儿童是祖国的未来，是中华民族的希望。新时代中国儿童应该是有志向、有梦想，爱学习、爱劳动，懂感恩、懂友善，敢创新、敢奋斗，德智体美劳全面发展的好儿童。而教师尤其是班主任，正是肩负着这样历史使命的责任人。

3. 小事情，要示范

小学生活泼好动，行动不计后果；童言无忌，说话简单直接；好奇心强，缺少规则意识等。作为班主任，要充分了解和尊重学生的年龄特征、心理特征，要"以身示范"，有的放矢地做学生健康成长的引路人。比如，如厕之后要冲水，游戏过后收器材，课间喝水做准备，遇到客人有礼貌，进办公室敲门喊报告，上下楼梯靠右行等，看似微小的事情，都需要一次又一次的强化练习、情境训练。在一次次示范中，一点一点让学生学会并养成常规习惯。

4. 好孩子，小榜样

由于小学生认知水平有限，他们不懂得什么是远大理想。成为大人眼中的好孩子、小伙伴心目中的小榜样，是他们最大的愿望。因此，对小学生的细小行为进行适当的鼓励与赞美，是小学班主任常用的激励措施，哪怕是一枚小贴画、一个小笑脸、一个大拇指，他们都会开心得不得了。引导小学生进行同伴互助、同伴教育，也是常规管理措施之一。

5. 小情绪，多关注

小学生心智发育尚不完全，感觉自己长大了，但很多事情又不能完全按照自己的想法去做。尤其在今天，小学生如众星捧月般被社会、家庭广泛关注，有些方面几乎是过度保护，导致学生过多强调自我感受。一旦学习和生活中出现问题又缺少解决策略和沟通技巧，一些心理问题也会随之产生。

当学生出现情绪问题时，有的可以很快自我调节，有的会自我伤害，还有的迁怒于他人，更严重的，长期积累，形成不同程度的心理问题。小学生的情绪控制问题、同伴交往问题，是教师尤其是班主任日常工作中需要重点关注的部分，不容忽视。

（二）分层处理日常事务中的"大"与"小"

校园生活每天都充满了各种大事小情：同伴之间的矛盾纠纷、学生自己磕磕碰碰、临时突发状况等，看似琐碎的日常，在学生眼中都是大事情，都会在第一时间传递到班主任的耳朵里。所以处理学生告状问题，是班主任日常工作中最劳神的一部分。

仔细梳理学生经常告状的现象，大致可以分为四类：安全和健康问题、同伴交往问题、偷（丢）东西问题、违反行为规范问题。

有的看似是小事，其实并不小，例如安全问题和偷（丢）东西问题。安全无小事，必须要重视；偷（丢）东西是品行问题，"破案"牵扯班主任大量的时间和精力,如不能得到及时有效的解决,不仅会损害相关学生的利益,更重要的是会错过对当事人的教育契机。同样,同伴交往问题、行为规范问题,看似琐碎,如果能找到解决问题的章法,"琐碎"也能理出一些头绪。以下针对四类问题,逐一进行梳理。

1. 健康安全问题为第一紧急任务,不能等

班主任是学生在校第一安全责任人,出现任何安全问题,班主任都要力求第一时间紧急处理。尤其对于小学生而言,他们活泼、好动,无法预见问题的后果及其严重性,遇到问题不会妥善处理,所以班主任必须第一时间出现在现场,及时解决。

对孩子的健康安全问题,家长也是格外关注的。摔一个跟头、掉一颗牙,都要看一看监控,有没有其他伙伴推搡,有没有学校管理或安全隐患方面的问题。因为学生安全问题,家长和学校打官司的事件屡见不鲜。尤其网络时代,任何一个校园安全问题,都有可能在网络上发酵,甚至不经意间上个热搜。因此,作为班主任,遇到跟安全相关的所有事情,都要格外重视,这是对学生负责,也是对自己的职业保护。

安全问题在学校通常分为如下四大类:

(1)追跑打闹造成摔伤、磕碰伤,剪刀、铅笔无意刮伤等外伤问题。

(2)鼻孔、耳朵塞异物等恶作剧的问题。

(3)突发身体不适的问题。

(4)恶语攻击、行为攻击等造成心理伤害的问题。

遇到健康安全问题,我们该怎样处理呢?

第一,根据伤(病)情,迅速判断是否需要送医院救治、联系校医、联系家长。

外伤(骨折、骨裂、骨损伤、表皮严重擦伤),疾病(心脏不适、肠胃不适、头晕、头痛、呕吐、发热等身体明显感觉不适),低血糖反应,传染病症状,安全隐患(耳朵、眼睛、鼻孔有异物侵入等),这些都需要紧急救治,一旦出现,一定第一时间联系校医,拨打120急救电话,请专业人员做出及时处理，哪怕只是头晕恶心，都不能掉以轻心。有时候，学生突然出现浑身乏力、冒虚汗、头晕等症状，可以让他含一颗糖或者巧克力，吃一点含糖食物，看看有没有缓解。

在联系相关人员进行紧急施救的同时，班主任要尽量保护好现场，疏散无关人员，保持救援道路通畅，确保有氧状态下等待。在救援知识和能力不具备的情况下，不要轻易施救，避免造成二次伤害。

问题严重时，班主任要全程陪伴，做好家长的情绪安抚工作。必要时，请相关领导或同事陪同，避免出现不必要的麻烦。同时，班主任也要做好自我保护。

第二，根据事情大小，判断是否需要联系责任方家长，安排善后工作。

安全事故发生后，往往会让人有些猝不及防，但是保持冷静和理智，是班主任应该具备的心理素质。治病救人为第一要务，随后是分清责任，和家长一起妥善解决。意外伤害谁也不希望看到，但是出现了，我们只能一起面对。引导家长用同理心，从一切有利于学生成长的角度出发解决问题。

第三，轻微受伤，请校医务室医生处理。

并不是每一起安全问题都需要兴师动众，如表皮轻微擦伤可以直接请校医务室医生处理，或者在班级卫生角，酒精消毒、贴创可贴等。常见小病，在家长知情的情况下，按照家长的意愿，给予关注或联系家长接回就诊即可，但再轻、再小的皮外伤，教师也要在送学生放学时或在电话中与家长进行沟通，保证家长的知情权，以免不必要的人为将事情扩大化。

第四，及时制止语言攻击、行为攻击等。

这类问题是最容易引起舆情的纠纷问题，也是对学生身心健康产生巨大影响的问题。作为班主任要第一时间制止伤害，对被伤害一方，要进行及时有效的保护。适度安抚，平复双方情绪之后，再处理问题。具体的方法在后面解决学生问题纠纷的时候会有叙述。在这里强调：对学生身心造成伤害的问题，一定在学校处理之后，及时家访或和家长取得联系，争取做到问题不过夜。

如果是校外发生的同伴纠纷或言语伤害问题,先安抚被伤害一方,再告知家长次日班主任会对学生进行必要的教育。解决之后,要及时和双方家长进行有效沟通,告知处理过程和结果,表示会持续关注。

一般校外发生的事情,以双方家长自己解决为主,班主任不做太多干涉。

第五,让案例"发声",对学生进行安全教育。

每一个案例,都是一次生动的安全教育的契机,在妥善解决之后,要对全班同学进行及时的安全教育。哪怕是别的班级和年级、别的学校的典型案例,都可以作为安全教育的素材,告诉学生事情的危害性,如何预防,如何解决。把对学生进行安全教育作为常态工作,老生常谈,警钟长鸣。安全教育留痕是指对班主任工作做记录,必要的时候,这些也是班主任自我保护的有效资料。

2. 各种告状,抓大放小,分层处理

小学生最爱做的事情就是告状。

——老师,他拿我铅笔不给我。

——老师,他带零食了。

——老师,他骂我。

——老师,他上课总揪我头发。

——老师,这块橡皮明明是我的,可他偏偏说是他的。

各种各样的告状,让班主任应接不暇。不解决,时间久了,小事变大事,从家长那里反馈回来就是"欺凌""霸凌";都解决,时间、精力也不允许。一味说教,对于小学生来讲,短期见效,时间久了,新的问题又出现了。如果把告状的事情大致分类,不同事情不同处理,相同事情提炼出处理模式,把"说教"换作"策略指导",做班主任就会轻松一些。

小学生常见纠纷分类及解决策略分析

类型	责任人	解决策略	解释	注意事项
1.同伴交往问题	班主任	1.简单安抚，多谢及时告诉我。"老师了解了这个情况，老师一定帮你讨回公道。给我点时间，好吗？" 2.情绪疏导，适当释放积怨，单独约谈当事者，也可以一起解决。"老师相信你们各自站在自己的角度，都会有充足的理由，说说看？""站在对方的角度想一想，问题出在哪儿？" 3.了解需求。"如果你是对方，你希望对方怎样做？""希望我做些什么，解决会更完美？" 4.理性分析，因势利导。小纠纷，双方达成一致，教育即可；争执不下，班级讨论，晓之以理，严重教不改者，请家长到校协同处理。 5.以点带面，班级讨论共性问题。	1.倾听、共情，适当进行情绪安抚，是避免情绪失控的"良药"。 2.小学生经常由于"无意伤害"而引发矛盾纠纷，所以双方提供一个沟通的平台，执是执非基本不用再评判，遇到矫情的同学，班主任单独谈约谈及时适时介入。 3.人之初性本善，尤其是小学生，因此可以通过换位思考、共情体验来解决矛盾冲突，理解是包容的前提，公平是圆满结局的保障。 4.事情有大有小，不可小题大做，也不可草率处理。根据事情的严重程度，选择处理方式，让学生、家长感受到班主任的一视同仁，感受到"被重视"。 5.解决问题不只是对一方的安抚，教育和对另一方的批评，更重要的是教会双方，乃至全班同学，解决问题的策略，让他们学会友好相处，学会正确表达。	1.不可简单粗暴。给自己留时间，给真相留空间，给教育留过程。 2.不可首目下结论，学生的特点不同，有的善于表达，有的有理说不出。要让事实说话。 3.不可一味"高压"，将"你应该……"变成"你觉得……"，更易于学生接受。 4.寻找最佳发力点，让强者学会友爱，弱者学会自我保护，双方都要成长。 5.少唠叨，少说事，少指责多引领。 6.让典型案例介入之后，尤其家长介入之后，成为教育元素，让教育及时发生。

第一章 有备而来"不发火"——尊重学生天性，做实日常工作

续表

类型	责任人	解决策略	解释	注意事项
2.违反常规问题	班级管家	1.简单分类。根据学生所违反的常规条款，及时分类，纪律方面、学习方面、卫生方面、体育方面、行为习惯方面等。 2.初步调查。无意行为——简单教育；有意行为——照章办事；管家督办。 3.管家督办，错误分类之后，管家各司其职，按照班规处理办法以及评价标准给予批评教育。 4.屡教不改者，班主任介入。真诚访谈——寻根问源——商讨策略——适当提醒——及时鼓励——行为矫正。	1.违反常规大致有楼道追跑打闹、上课随便说话、不按时交作业、做值日不认真或逃值日、不服从管理等。班级管家及时介入，制止，纠正。 2.无意行为不追究，自我教育即可。要培养学生对错误的担当意识。 3.班级管家的评价积分配合常规习惯养成教育，秉持公平公正，避免小管家假公济私。 4.屡教不改者，应该班主任介入，需要意识到问题的严重性。班规问题解决是因为与一部分家长的教育理念不一致，不必强求，尽力而为。 5.有些问题难解决是因为与一部分家长的教育理念不一致，不必强求，尽力而为。	1.学校是允许学生犯错误的地方，惩戒不是目的。 2.评价可以作为抓手，以评价促习惯养成。 3.问题严重者，惩戒也是必不可少的教育手段。请家长，停课反思等都可以适当采用，但前提是要教师不改，经过校领导、家长的同意方可使用。不可忽视教不改背后家庭影响的因素、单亲家庭、重组家庭、老人带孩子家庭等，找到问题症结，家校协同，更容易唤醒孩子的成长内驱力。 5.教师不是救世主，有些家长的观念不是我们可以改变的，调整心态，避免矛盾转移。

续表

类型	责任人	解决策略	解释	注意事项
3.偷东西问题	班级合力	1.简单安抚。"别着急，给我点时间，相信我一定帮你把东西找回来。" 2.个别谈话。 （1）×同学丢了××，特别着急，善良的你能帮到她，你见到过她的这个东西吗？大约什么时候见到的？ （2）她说好像在某个时间段接触到了这个东西，好好想一想。 （3）有没有可能被推放错了，放在了你的什么地方？帮着找找看。 （4）故事或者弟子规讲解，说明危害。 3.根据谈话情况，随机调整策略，成为两个人的秘密。 （1）承认。充分肯定。 （2）不承认。"家长帮着收拾书包，看到以后伤心"；"在学校使用，同学见到会笑话"；"自己的心理负担会很重，使用起来也不会开心"；"日积月累，一旦形成坏习惯，将来就有可能酿成大祸，后悔一辈子"。 （3）事实确凿，依然不承认。表示问题很严重，严厉批评之后，再进行教育。 4.班级进行"物虽小勿私藏，苟私藏，亲心伤"诚信教育。	1.安抚当事者情绪，避免影响其他正常活动。 2.在处理问题时，始终要注意态度和善，不戴有色眼镜看人说事。 （1）个别谈话，尊重学生隐私，避免其他同学随意"贴标签"。 （2）直接进入主题，避免无端狡辩。 （3）保护"告密者"，保护当事者。 （4）为学生的勇于担当提供策略，保护学生自尊心。 （5）小学生感情丰富，认知简单，可以动之以情，晓之以理，故事是学生喜闻乐见的一种教育形式，可以结合学生愿意做好孩子的心理，循循善诱，让"向善"成为可能。	1.听到告状，及时安抚当事人。 2.发现问题，及时破案，打消此类同学的贪念。 3.处理问题有技巧，盲目草率是大忌。 （1）私下交谈不可取。 （2）随意标签危害大，攻心善诱是良策。 （3）前车后撤细分析，一抓到底不姑息。 4.将班级发生的类似事件集结在一起，班级讨论，设计几个怎么办，引导学生正确面对"私心"与"贪念"。 （1）不点名只说事情。 （2）现场查字典"偷"的含义，郑重划去二字，级正确舆论导向。 （3）讨论此类行为的危害。 （4）全班讨论"如果我想要，怎么办？ 5."做文明诚信的好学生"倡议签名。

第一章　有备而来"不发火"——尊重学生天性，做实日常工作

当然，除了上述常见问题，也会有其他意想不到的事情发生，这里不可能一一列举。班主任的日常管理，琐碎小事是其中很重要的一部分，小事不小看，解决有章法，认真对待是态度，科学管理是智慧。

学生是成长的主角，我们的管理最终促进学生成长才是硬道理。需要强调的是：在问题刚刚出现时，一定要认真解决，让学生看到老师处理问题的决心和策略，教会他们预测出现问题之后自己要承担的后果，经历几次班主任处理问题的全过程，他们也会主动避免一些类似事件再次发生，一旦出现问题，也能够尽快找到解决策略，这就是在经历体验中成长。（后面章节会结合案例做详细分析）

（三）巧妙处理家长信息

由于学生年龄小，自理能力相对较弱，遇到问题又不会独立处理，因此，家长对孩子是一百个不放心。"孩子一天没喝水，老师请多提醒""孩子今天感冒了，请您提醒他按时吃药""孩子穿得有点多，麻烦您让他脱一件"……在班主任眼中，这些琐碎事不应该成为班主任工作的组成部分，因为这些是孩子必备的生存能力，但是在家长心中，那就是老师的态度和责任心。回复家长的各类信息，也是班主任工作的一部分，处理得当，天下太平，稍有偏差，就有可能造成意想不到的家校矛盾。

遇到家长发来琐碎的信息，我们该如何处理呢？

1. 着急的事情必须立刻落实

比如："老师，您帮我看看孩子的书包里有没有我的手机？""老师，家里有点急事，我需要接孩子回去，麻烦您让他出来""今天约好了医生，我已经到了学校门口，麻烦您让他出来"，类似的事情，即使再忙，只要看到就要马上落实。因为这些是"急事"。

2. 一般事情分步做

由于学生的年龄太小，尤其低年级学生，家长几乎事无巨细，总想发个信息求助班主任给予特别关照。在家长眼中，孩子的事无小事，所以他们方便的时候，就会发个信息，哪怕是深夜或凌晨。

作为班主任，理解家长的良苦用心，但从有利于学生的发展，让他们拥有独立面对和解决问题的技能来看，我们有必要适当"净化"发给自己的各种信息。

首先，照顾学生日常，穿衣、吃饭、吃药、喝水等信息，如果实在忙，可以暂时不回复。找个小信使，托他带个话；请个小帮手，帮忙去落实。也可以找到当事者，分享父母的牵挂："从信息看得出，爸爸妈妈真的太爱你了，咱们在慢慢长大，自己要学会管理，可以借助记事本或者小便签，提醒自己，让爸爸妈妈放心。"也可以指定一名小伙伴帮忙提醒，帮助学生逐渐形成技能。最后，请当事者做个小信使，告诉家长"我在长大"，"老师帮助我学会了自我管理"。坚持一段时间，家长也会逐渐醒悟，给老师发信息不如教会孩子生活自理能力。

其次，巧用班会，让信息助力学生成长。

班会上，呈现一些家长发的信息及发送时间（把名字去掉，保护发信息者的隐私）。让学生讨论："如果你是班主任，看了这些信息以及发送时间，你想说什么？""哪些事我们可以自己处理？哪些事必须班主任处理，我们怎样为老师减负？"

引导学生情感体验、换位思考，唤醒学生自我管理、主动成长的内驱力。学生在真实问题情境中，感受着老师的辛苦，体会着家长们的关爱，检视着自己的日常。"我要成长""我要让家长放心、老师省心"的美好愿望渐渐萌芽。同时，低年级学生乐于分享他们感受最深的人和事，家长听到他们的分享，也会对给班主任发信息这个事有所思考，进而有所改变。

最后，家长会上为自媒体划界，弘扬班级能量。

来自家长的信息，发给老师的是一部分，基本内容是反映学生个体或家长眼中的班级现象。另外还有自媒体平台发布的信息，需要引起班主任的格外重视。

一般在班级组建伊始，会以班主任为群主，组建一个正常的工作群，班主任老师通过班级群发送学校的一些重要通知及班级动态。为避免刷屏，通常班主任会在建群伊始或者第一次家长会上，郑重告知家长："根据信息的具体情况，决定是否需要单独回复，怎么回复。在群里弘扬正能量，是班级群的基本底线，我们都希望学生在和谐向上的集体中生活，我们每个人都要为自己发出的每条信息负责，确保班级政令畅通、班级群氛围和谐向上。如果有合理化建议或者个人意见，请私聊班主任，我们会妥善解决。"

除了班级群，家长为了沟通方便、发表言论更自由，以及实现最大限度资源共享，他们通常会组建一个不包括班主任、任课教师在内的聊天群，有的甚至还会建一个没有教师的年级群，进行年级之间的信息共享。自媒体时代，多元化的家长群体，他们的聊天内容有太多的空间，我们无权干涉，更无法左右。所谓"水能载舟亦能覆舟"，正是这个我们很难控制的自发群能带来巨大的效应。

当我们苦于学校资源有限时，家长群会有各种信息和资源分享；当我们有想法却没时间或没办法时，家长群会积极踊跃地参与，很快问题得到解决。家长群体中可谓藏龙卧虎。某种程度上，家长群能让家校协同教育的效果最大化。

但这个自发的"民间组织"，也给班主任工作带来严峻挑战。人无完人，班主任在紧张、繁忙的工作中有时难免出现一些纰漏，或者在某些方面的认知和家长不一致。理性的家长会私下和班主任沟通，反应过激的家长会在群中带着个人情绪吐槽，有的甚至采用问卷星等信息化技术手段做调查问卷"带节奏"。

为避免班级群出现不和谐声音，我们教师首先要规范自己的行为，用真诚和智慧建立良好的家校关系和师生关系，出现纰漏要及时修正。同时，我们要学会和家长沟通，并及时反馈，避免夹带个人情绪。班主任还要充分利用家委会成员的骨干力量，保持和他们积极、及时、有效的沟通，把问题消灭在萌芽状态。

最后，一旦出现问题要理智面对，切不可人为制造、加深家校矛盾，给班级发展、个人发展带来不必要的麻烦。

综上所述，面对小学班级管理的各种"小""细""碎"，我们每天的工作必须是"实""细""智"。

二、工作"碎"，态度"端"

小学班主任是学校管理中最小的主任，也是班级管理中最大的领导。落实学校各项工作、创建优秀班级、培养学生健全人格和良好习惯、形成家校协同育人机制等，样样离不开小学班主任。

在实际工作中，很少有专职班主任，老师在繁忙的日常管理同时，还有重要的教学工作。工作千头万绪，对新班主任来讲，忙得焦头烂额也就可以理解了。

如果教书育人仅限于完成各种任务，显然是被动的。忽视了科学管理和智慧融入，忽视了受教育者的主体发展地位，很难谈真正意义上教师对学生发展的引领作用。怎样在"忙"的同时，让"细碎"变得"规整"，让工作更加有效又有条不紊呢？

（一）小学班主任的日常工作

以下将小学班主任的日常工作进行了梳理，厘清工作内容会让我们少一些浮躁与手忙脚乱，多一些淡定与平和。

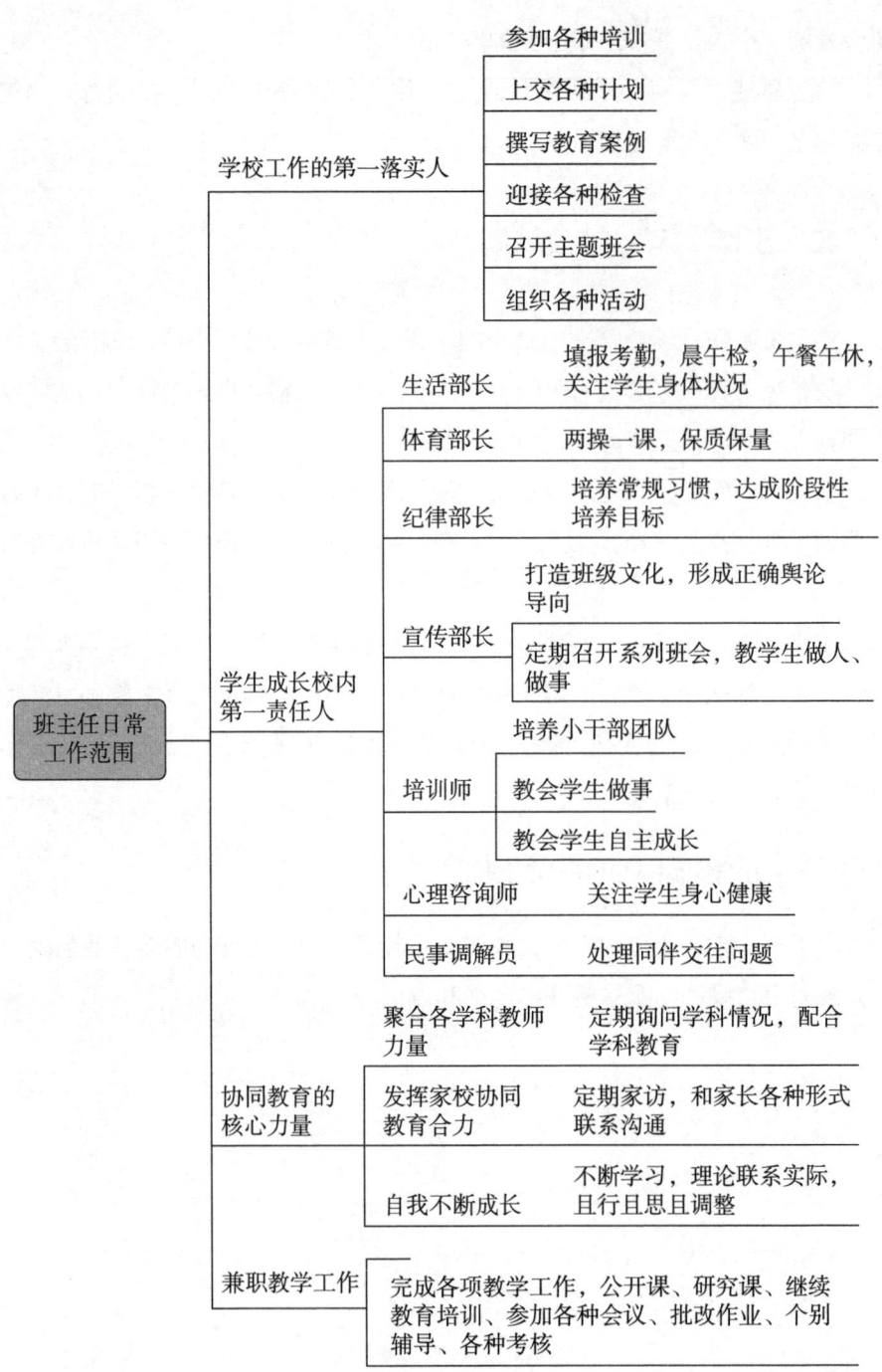

图 1 班主任日常工作范围

（二）学会思考，智慧工作

面对众多的角色、细碎的工作，一味地应付，会让自己疲倦不堪，导致职业倦怠，同时，对学生的教育也容易浮于表面。

刘少奇主席在为育英学校题词中强调："你们的教育质量的好坏现在固然也可以看出来一些。但真正的要看得出来还要在十年或十五年以后，也就是要看你们教育出来的学生到社会上去表现如何。"可见，教育关乎孩子的未来，更关系到国家的未来，作为班主任，因为"忙"而产生疲于应付的工作态度，对学生进行浮于表面的教育不可取。

1. 构建育人框架

作为有思想、有学识的新时期班主任，首先要厘清我们要育怎样的人，什么时间、什么主题、以什么形式落实育人目标。每位班主任对品德的构成可能有不同的理解，但在意识中构建一个完整的育人框架，通过每学期的具体工作加以落实，是让教书育人落地生根的根本保障。教师播种"向美"的种子，学生才会收获"向美"的行为。

小学各年级育人目标框架（仅供参考）

年 级	德育内容	实施路径
一年级	诚实善良 友爱包容 阳光进取 规则意识	主题班会、歌谣导行、情景剧表演、典型案例体验、榜样引领、教师以身示范
二年级	习惯养成 同伴交往 集体意识 学习兴趣和态度的养成	量化评比+（同上）
三年级	认识自我 自律意识 自主管理意识 学习习惯培养	增强岗位体验感 定期进行岗位评价和岗位轮换制度 鼓励学生成立互助小组 一帮一共成长

续表

年 级	德育内容	实施路径
四年级	同伴合作 人际交往 自主规划管理	鼓励组建社团、鼓励个性张扬 鼓励学生独立组织主题班会和班级活动
五年级	责任担当 感恩珍惜 青春期教育 自主学习的能力	辩论会、家校协同联谊会 主题班会、参观体验 "我和青春有个约定"主题畅想

2. 提前计划，科学整合

有了育人意识和目标，怎样转化为行为？有限的时间内要完成学校的规定性动作，还要有个性化德育内容，时间哪里来？

每学期在制订学期计划前，先要大致了解有哪些德育内容要完成，采用哪些实施路径；个性化德育点在何处，哪些工作可以进行科学整合。未雨绸缪，提前做功课，会让忙乱的工作变得有章法。

班主任常规工作看似琐碎，但并不是杂乱无章，而是有其自己特殊的构成。比如传统节日教育、班级文化建设、常规习惯教育、落实五育工作、班队会、家长会等，这些工作年年都会有，只是年龄段不同，德育侧重点会有所不同。因此，在制订计划前，要充分考虑各项活动的目的、意义、形式及路径、教育效果等要素，使活动更具针对性，提升活动的效果。

例如：每年三月五日都是学雷锋日。小学五年，每年的学雷锋活动有什么不同，应该怎样设计？怎样结合学生的年龄特征进行分层落实？

一、二年级小学生对雷锋的认知少之又少，所以引领学生了解雷锋精神为活动重点，小事中学雷锋；三年级挖掘雷锋精神的实质，将雷锋精神分解，开展"心中有他人，主动送温暖"活动；四年级发扬雷锋的钉子精神，通过各行各业的榜样人物，品读雷锋精神，在学习、生活中让钉子精神代代传；五年级学习雷锋干一行爱一行的工作态度，主动学习，为雷锋精神代言。

再来看每学期的常规工作：学校每个月都有主题教育活动，每学期每个班级都要负责一次红领巾广播和一次升旗仪式。如果将三者结合，设计相关内容，将会大大减轻班主任工作负担，增强德育工作的实效性。

下表是我在二年级学期初制订班主任计划时，对三月工作的统筹安排，希望能带给大家一点启发。

三月教育主题：我们眼中的雷锋精神

时 间	工作重点内容	壁 报	班会主题
第一周	雷锋精神代代传	雷锋的故事	
第二周	中队坚持志愿服务岗，小队班级志愿岗活动	对待同志像春天般温暖	夸夸班里的小雷锋
第三周	钉子精神大家谈	对待工作要像夏天般火热	岗位能手打擂台
第四周	新语境下的"敌人"消灭战	对待个人主义像秋风扫落叶一样，对待敌人像严冬一样残酷无情	小手印大行动
	红领巾广播	雷锋真的三月来四月走吗？	升旗仪式：学雷锋见行动

提前计划、科学整合之后，再来看班主任日常教育工作，每周、每天做什么一目了然。少了几分盲目，多了一些淡定。而且，由于拟定计划前进行了细致的思考，所以教育效果会多一些保障，班主任工作也会逐渐变得轻松起来。

3."化零为整"，步步为营

每天的晨午检、红领巾广播、升旗仪式、结业式、开学典礼等，这些都是日常教育活动，虽然细碎，但都很重要，班主任可以在这些细碎的工作中，充实教育素材，整合教育资源，挖掘教育元素，让教育"化零为整"。

例如，每学期学校都会组织召开结业式，目的是通过面向全体学生的集会，对新学期工作进行展望、对本学期工作进行总结。结业式通常是听广播或者操场集会等形式，各班的任务就是做好听众，有领奖或发言任务的同学提前准备即可。完成这项工作很简单，组织好学生即可。但是要想对学生真正产生教育效果，真正减轻班主任日常重复性工作的负担，则需要我们再花点时间，在结业式上再做点文章。

结合学校结业式内容，对号入座，发现本班的优势与不足；结合班情再讨论：新学期哪些方面要保持，哪些方面要努力。将二者结合起来，落实到学生的行为之中，就是本班的结业式德育。

记得一年级时量化评比，前三名可以评为优秀班集体，而我们班屈居第四，因此只拿了一张几乎班班都有的"最美教室奖"奖状。毕竟拿奖状，意味着一种荣誉，所以我还是郑重地将奖状贴在黑板上。让学生在感受荣誉、树立信心的同时，看到我们与优秀的差距。全班同学一起讨论，寻找扣分原因，寻找努力方向。学校全员教育转变为具有班级特色的自我教育。

再比如，给各类获奖学生颁奖环节，我班只有小韩获奖。孩子们说，"居家学习期间，老师发在微信里的是倡议书，不是必须完成的作业，所以就没重视"；还有的孩子说家长没有转达各种比赛消息，不知道有各种比赛。

把活动当成选择题而不是必做题，一定程度上反映了学生疫情期间居家学习的懈怠状态。长此以往，学生的发展力课程如何推动？学生的多元发展如何实现？我暗自庆幸：这次结业式帮我们及时发现班级思想动态，太好了。

学生针对参与活动一事展开讨论，我和学生一起分析利害关系，之后达成共识：参与是一种态度，更是一次机会，错过等于放过，未来需要参与！

学校的每一项工作都只是教书育人工作的一个小点，做实了每一个"小点"，把相关小点整合在一起，就是教育的主线，既落实了学校工作，又强化了班级独有的教育。化零为整，步步为营的日常管理习惯，可以让教育在"日常借力"中巧妙发生。

4.构建和谐师生关系

班主任工作中的"事"被厘清了,接下来就是更重要的对"人"的管理。学生是活生生的人,有思想、有自己独到的见解和认知角度。学生的性格形形色色,管理起来自然不是那么轻而易举。中学生或大学生,可能会把教师的专业素养作为教师评价的重要指标,但是小学生通常更关注老师是否眼里有尊重和在意。

我曾经在五年级学生中做过一次调研,"你喜欢什么样的班主任?"学生大体排序为:有爱心、懂得尊重我们;处理问题公平公正、有责任心;幽默风趣,不说教、有智慧和方法;博学多才、讲课轻松,有拓展提升训练。在低年级学生的访谈中,学生向家长传递对老师的赞美时,出现频率最多的则是"温柔""漂亮""爱我"等词语。可见小学生对于班主任的要求不仅仅是课讲得生动,而且要真正懂得爱和尊重。爱和尊重的需求背后,是对"情"的渴望,对师生关系的定位。构建和谐的师生关系,是班主任班级管理的第一把金钥匙,可以帮助我们尽快走近学生。同时,构建和谐师生关系的过程,也是班主任为自己勾画最真实的职业名片的过程。

怎样建立和谐的师生关系?

(1)抓住六个一,利用重要的时间节点,尽快走近学生。

时 间	内容及形式	意 图	操作方法
接班前	初步了解学生:家庭背景、名字背后的故事、兴趣特长、身体情况、特殊需求等相关信息。可以通过问卷、与家长的私信交流,以及家访等形式。	消除陌生感,让学生感受到"被在意"。	设计问卷、电话沟通、家访。 注意随时记录。

续表

时 间	内容及形式	意 图	操作方法
第一天	精心布置教室环境：一张照片、一段寄语、一张小卡片、一份小礼物、一句问候、一个微笑、一个肢体语言等。	营造和谐温馨的班级氛围。给学生小小的仪式感。	开学前打扫教室。精心设计、布置，展现班级文化雏形。
第一周	叫出每个学生的名字（可以根据姓氏或名字，编歌谣或短文）。大致了解每个学生的整体情况。	让学生感受到：我是集体一员，我在老师心中。	接班前读花名册，生成便于记忆的方法。班会上按照学生喜欢的方式分类（如按姓氏、生日、身高等）。课间访谈、学习观察。
第一次班会	用生动直观的形式，让学生感受"我和集体"，感受"我的老师""我的同伴"	初步建立师生关系、同伴关系。	以"我为集体画张相""我心目中的集体""我和我的新集体"等为话题，畅谈中初步建立同伴关系、师生关系，形成班规。
第一个月	准确说出学生的各方面信息，做到心中装下每个学生。	悦纳每一位学生，进行无障碍互动。	记住"两头"学生，其他学生抓特征。讲台上放一张座次表，学生课桌上放名牌。
学期结束	和每位学生之间至少发生一个小故事。班级文化基本形成。	在心理上走进学生，班级建设初步完成。	处理偶发事件；参与学生活动；辅导学生学习；课间留意观察。

（2）放低身段，用童心、童言、童趣，走近学生。

小学生正处于简单、快乐的儿童时代，对于一些道理还是懵懵懂懂。作为班主任，放下架子，怀一颗童心，有一点童趣，说一点童语，多一点感同身受，会让走近学生变得容易许多。童心、童趣、童语，是一种真实的流露，而不是作秀。

比如，有时候学生做危险的动作，老师苦口婆心讲半天道理，学生却睁着一双无辜的眼，"不就是这点小事，至于吗？"

人们常说，"喊破嗓子，不如做出样子"道理也在于此。所以，作为班主任，走进学生心里，要注重语言的形象直观、动作的准确配合，更重要的是弱化"高压"意识，强调"真诚与关爱"。

案例分享

眼睛和眼睛的重逢

班里曾经有这样一个男生，因为不能和别人正常交流，休学一年。他不看别人，和别人对视的时间不会超过两秒。一旦遇到特殊情况他会情绪失控，寻死觅活。快乐午间，一块冰冷的石头永远是他的领地，我几次试着走近他，都没有成功。我只能每天上课巡视时，摸摸他的头表示对他的关注；面批作业时，跟他有个简短的交流。我始终坚信：一把钥匙开一把锁，没打开的锁只是因为没找到合适的钥匙。

一天，男孩又迟到了，进教室抬头的刹那，我看到他眼角有明显的眼屎，很显然起晚了，没顾上洗脸。我摸着他的头，刚想让他去洗把脸精神精神，忽然看到他黑黑的眼睛里有了一个我。"孩子，别动，我看你眼里有什么。"我很认真地说。他一怔，快速看了看我，视线马上移开了，我没有强求，只是轻轻地告诉他，"在你的眼睛里我看到了我！"他没有说什么，默默地走到了自己的座位上。我的忽然发现，形象的童语，让走近成为可能。

第二天我依然摸着他的头，试图再从眼神的互动中，延长我们的聚焦时间。他不再回避我的眼神，聚焦的时间也逐渐延长。后来我让他在我的眼睛里找他，再后来我们每天玩用眼睛照镜子的游戏，在他眼里找我，在我眼里找他，我眼中的你笑了没有？你眼中的我脸上有没有脏东西？我很明显地感觉到，他有意识地接近我，但还是不说话。顺势而为，不强求结果，童趣让"走近"成为现实。

一个月后，我到南京考察学习。回来后，他怯生生地靠近我，低低地说："老师，我想你了！"，当时我真的是泪奔了。再后来，我告诉他，办法总比困难多！男子汉靠眼泪不能解决任何问题，抱怨别人嘲笑自己的同时，要学会让自己更强大！就这样，我们成为了朋友。

一次数学课上，学习年月日，他说他不知道自己的生日。我告诉全班同学，"给我两分钟，我一定要让他成为这节课最幸福的人！"我知道他是休学到我们班，年龄一定是最大的。借助数学课学习年月日的契机，让他知道自己的生日，让他知道自己是班级的大哥哥，从而激发他的责任感，树立他的自信心，更赋予他成长的动力，应该是最好的教育契机。"我是男子汉，我是大哥，我要改变！"那天的数学课他听得格外认真，同学们的掌声给了他自信，给了他勇气，再后来他成为班级口算小达人。情感上走近学生只是完成了第一步，更重要的是丰富"走近"的内涵，引领学生成长。

虽然只教过他两年，但他始终是我的惦念。在他小学毕业那一天，我作为曾经的班主任被邀请拍毕业照，我在找他，他也在找我，眼睛和眼睛的重逢，让我们幸福地站在一起。德育是一种唤醒，更是一种力量。它鞭策着学生的成长，也为教师自身成长注入活力。

【案例分析】在日常的教育教学中，有各种走近学生的契机。课堂上的关注、课间短暂的交流、无意间听到看到的、有意的创造等。只要心里有学生，想走近他们，总能找到合适的机会。学生也是有灵性的，真心地走近，他们能感受得到。带着真心走近学生，是建立良好师生关系的重要保证。

5. 文化浸润，打造积极向上的集体

建立良好的师生关系，是班主任必备的专业技能之一；打造健康向上的

班级文化，创建优秀班集体，更是班主任工作中不可或缺的重要组成部分。正如著名教育家马卡连柯所言："即使是最好的儿童，如果生活在组织不好的集体里，也会很快变成一群小野兽。"但如何建设一个优秀的班集体？仅靠班主任说教，或单纯学生自主管理是远远不够的，更多的需要班级文化的浸润和熏陶。不论是起始班级还是中途接手新班的班主任，一定要重视班级文化导向的引领。班级文化定位准确，路径清晰，可以成为学生进步的方向、动力，成为学生成长的沃土。

班级文化不是一蹴而就的，而是结合校园文化主旨，在充分研究班级学生思想动态、情感价值观、行为习惯等之后建构生成的。了解班情是形成班级文化导向的重要依据，不同的班级背景，创设不同的班级文化，即使同一个班级，在不同的年级、不同的时间段，班级文化也会有适当的调整。下面以两个完全不同的班级为例，解析班级文化的创设过程和方法。

案例分享

"shi bei"娃的"shi bei"路

第一步：了解班情

班级文化不是照搬别人的模式，结合具体班情很重要！

2018年，我接手了一个比较特殊的班级——两年换了四次班主任，任课教师更是换了一个又一个。八个不同表象的特殊学生，让班级的发展举步维艰。在学生心中集体意识相对单薄，集体荣誉更是无从谈起。8个特殊学生各个"击破"需要太多的时间，孩子的成长等不起，怎么办？我决定先创设积极向上的班级文化，发挥文化的引领作用，让良好的班风促进学生的成长。

第二步：定位文化导向

文化是有内涵的，不是单纯的口号，而是行为导向的。

每个学生都渴望被尊重，"优秀"是每个学生的向往。两年的动荡让他们缺少了自信和归属感，更缺少了收获的体验，我要做的就是及时补课，让学生在丰富的体验中，树立自信自强的信念，寻求通往"优秀"的改变之路。

认真思考之后，我确定了班级文化的主旨：让每位学生成为班级的不可或缺，让每位学生在成长中被赏识。因为是10班，所以定名"shi bei"。"十贝"，十班的宝贝；"实备"，脚踏实地地准备；"十倍"，比常人更多的付出；"拾贝"，学海拾贝的快乐。"shi bei"的背后是"阳光自信、积极进取、脚踏实地付出、快快乐乐收获"的内涵。接手新班的第一天，"shi bei"文化的确立与解读，让孩子们感受到从未有过的被赏识，自信满满、希望满满。

第三步：班级文化唤醒

文化不是独立存在的，需要有外显的环境熏染和隐性的内涵驱动，要让文化走进每位学生的内心，影响他们，改变他们。

因此，在开学第一天或第一周，要向学生和家长深入解读班级文化。通过教师寄语、壁报、宣传图片、小礼物等不同的载体，传递"shi bei"文化，唤醒学生的内心。同时在班级管理中，要将文化的外显元素与班级管理措施、班级活动紧密结合，营造出积极向上、和谐友爱的班级氛围。

第一学期用漫画"梦想的脚步"作为唤醒孩子们追梦的载体，激活他们乐观进取的潜能；再通过"集体在哪里"系列主题班会及壁报宣传，让规则与集体直观呈现在学生眼前，扎根在学生心里；开展"小鸡变凤凰""画手印""我和老师有个约定"等活动，让规则、集体成为学生成长的助力剂。

第二学期将"成功八步阶梯图"贴在墙壁上（八步是指"我才不做呢""我做不到""我想做""我该怎么做""我得试着做""我能做到""这就去做""我做到了"），让学生知道千里之行始于足下。在开学初，学生经过认真思考之后,将自己的心愿球放进心愿箱,一段时间后,再调整自己的愿望或目标。在教室里开辟"精彩绽放墙",展示学生取得的进步和荣誉,让学生的成长成为荣耀。此外,将班级文化和日常班级管理有效结合,让学生的成长由他律变为自律。

【案例分析】班级文化不是靠简单的说教建立起来的,而是在了解班情的基础上,确立班级文化主旨,再通过丰富的班级活动,唤醒学生成长的内驱力,在活动中让学生感受班级文化,并参与班级文化建设。

案例分享

我和海燕齐飞翔

我和我的海燕班级一起"飞翔"整整五年,我们经历了小海燕的诞生、小海燕的成长,经历过风风雨雨,感受过沿途风景,更在一起"飞翔"中形成班级特有的海燕文化,如今回忆起来,满满的全是幸福。

第一步:全员参与定位文化

起始年级的班级文化要体现全员参与性,约定俗成的文化更容易发挥作用。

在接班伊始我们讨论班级名称的时候,孩子们主张取名快乐小二班、团结进取小二班、必胜班……我则在孩子们的启发下,很自然想到了高尔基的《海燕》,面对狂风暴雨,海燕能够高傲地飞翔,它们与胆小懦弱的海鸥、海鸭形成鲜明的对比,体现出它们团结、进取、乐观的态度,更显示出一种无形的力量。因此,我打印出原文,声情并茂地读给大家听。随后讨论:你更喜欢文中的哪种小动物?为什么?海燕班级的名称也正是在孩子们沉浸于美文的诵读、相关内容的讨论中诞生。班级口号则是"快乐一二一，快乐争第一"。当时正值电视节目播放宋小宝的小品，"海燕啊，你长点心吧！"成为流行语。面对家长的质疑"是不是因为你们不长心才叫这个名字的？"，孩子们很认真地解释，甚至把《海燕》的情节再讲述一遍，海燕精神是什么，在孩子们的解释、宣讲中得以强化，班级文化初步形成。

第二步：阶段调整，强化文化符号

班级文化建设不是一蹴而就的，它是循序渐进、不断发展的过程。每个新学期的开始，我们都会诵读《海燕》，不同年龄段孩子们对海燕精神的感悟也会不同，班级口号也会随着年龄的增长而改变。

新学期开学第一天，热情洋溢的"给学生的一封信"便通过微信发到家长群中，亲子共读；打印这封信，在壁报宣传栏醒目张贴；第一节班会，逐字逐句宣读、解析这封信，师生共学。班级文化建设需要结合年级工作重点，结合班级学生特点进行调整。班级文化需要以各种形式呈现，但都要立足于学生的发展，需要解读、分享、体验、落实。

第三步：文化落地，促进成长

班级有方向，学生有动力。学生是成长的主角，无论是家长还是教师，都不能替代孩子的成长体验。因此在班级管理中，我们会时刻以"团结、进取、阳光、大气、责任、担当"的海燕精神为价值取向，让每位学生在自主管理中快乐成长。为学生搭设展示平台、家访、个别谈话、班级评价、手印约定等，都是让文化落地的有效措施，文化的主旨是浸润、熏陶学生的成长。

【案例分析】班主任所带班级不同，学生特点不同，班级文化也是不同的，但班级文化对学生的深远影响却是无可替代的。

我们要做一个有思想的班主任，在接班伊始，思考班级文化定位，制订班级计划，是一种积极的工作态度，也是确保自己不被繁杂事务干扰的有效方法。此外，建立良好的师生关系，是教育的前提条件。有了和谐的师生关系、家校关系，应该说，做一个班主任就成功了一半。

（三）敢于放手，"扶"与"放"相结合

在建立了良好关系的前提下，教师、学生、家长各司其职，形成良性循环，班主任工作会相对轻松。有时候，班主任总感觉孩子太小，只有六七岁的孩子能干什么，管好自己、不帮倒忙就非常不错了。

其实，好动是孩子的天性，尤其小孩子，给他们创造"动"的机会，让他们感受自身存在的价值、体验"小鬼当家"的乐趣，是他们再高兴不过的事情。给他们一个自主做事的平台，他们会还给我们无限惊喜。

怎样为学生提供自主成长的平台，让他们会做事、会想事、会分析事、会解决事呢？在教会学生自主成长的过程中，处理好舍与得的关系，将会事半功倍。舍出时间和精力，教会学生自主管理的方法；舍出急于求成的功利心，在静心陪伴中丰富自主管理的育人过程，促成学生成长。这个"舍"与"得"，就是教育中的"扶"与"放"。

最初学生因为年龄原因，可能考虑问题不周全，他们在自主管理中也会出现各种问题，但正是在一次次分析问题、解决问题的过程中，成长悄然发生。前提是作为班主任，要敢于放手，学会等待。

1. 层级管理，明确岗位职责

在教学生自主管理时，如果采用各个击破的办法，重复性工作多，工作量大。如果全班泛泛地讲解，又会因为学生年龄小、忘性大、缺乏动手操作等原因而效果不好。因此，在培训学生进行自主管理时，我们可以采用化零为整的方法，把班级同学按照职责范围分为几个部门：

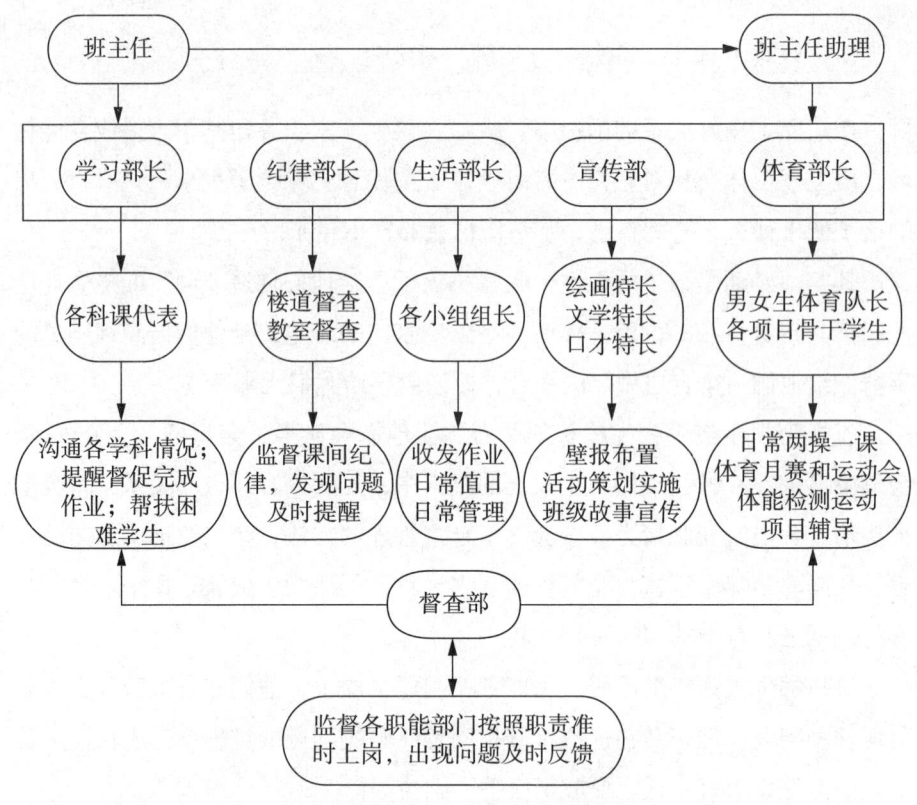

```
                    班主任 ──────────────→ 班主任助理
    ┌─────────┬─────────┬─────────┬─────────┬─────────┐
    │ 学习部长 │ 纪律部长 │ 生活部长 │  宣传部  │ 体育部长 │
    └────┬────┴────┬────┴────┬────┴────┬────┴────┬────┘
         │         │         │         │         │
    ┌────┴───┐┌────┴───┐┌────┴───┐┌────┴───┐┌────┴────┐
    │各科课  ││楼道督查││各小组  ││绘画特长││男女生体育│
    │代表    ││教室督查││组长    ││文学特长││队长各项目│
    │        ││        ││        ││口才特长││骨干学生  │
    └────┬───┘└────┬───┘└────┬───┘└────┬───┘└────┬────┘
```

图2　班级层级管理岗位及职责分布

人人有事做，事事有人管，人人管事，人人被管，是促进学生自主成长的有效手段。班级按照职能进行层级管理，既培养了学生的自我管理意识，又培养了学生的责任担当。班主任在不断地培养学生管事、理事过程中，有效完成了"教""扶""放"。

学生年龄小，在管事、理事的过程中，会出现各种问题。比如，工作"拈轻怕重"、履职"本位主义"、"一言堂"、盛气凌人等情况屡见不鲜。因此，班主任在日常管理中，要用敏锐的眼睛和睿智的洞察力观察学生，及时纠偏，真正做到在管理中促班级和谐，在管理中促学生成长。

2. 岗位培训，有"扶"有"放"

人人有岗位，只是为学生提供了自主管理的平台，但是小学生的劳动技能不是与生俱来的，需要班主任按照岗位进行培训。会做事、会管事，是幼儿向小学生过渡的重要标志。岗位培训通常分为如下三步：

第一，明确岗位分工及职责范围。

第二，培训岗位技能，体验中发现问题及时调整。

第三，反复训练，提升劳动技能，实现自主管理。

第四，定期岗位轮换，增加体验感，促进一专多能。

下面结合生活部自主分餐管理的实操过程，分享班主任如何培训学生进行自主管理。

一年级入学第一周，班主任实际操作，或者学长帮助，让学生熟悉分餐、用餐流程；第二周，开始锻炼学生自主管理午餐。班主任需要告诉他们要做什么，怎样做。每一个环节，落实到每一个人，落实到每一个时间节点，落实到每一个动作。由于有了第一周的"看"，第二周在模仿中"练"会轻松许多，再加上培训落实到了每一个动作、每一个时间节点，所以学生很快就掌握了具体动作要领。

（1）明确分工和职责。

要做的事情	人员分工	主要职责范围	评价的项目
分餐前的准备	1人组织	组织学生饭前洗手、安静等候；督促餐管员及时到位，规范上岗	5分钟内分别准备就绪
无声午餐	5人分餐（3菜1饭1汤）	无声分餐、有序管理 不洒汤、不掉饭、不浪费	专业装备，无声工作，技能娴熟，懂得合作
	1人看餐具及领餐队伍	餐具整齐摆放，队伍安静整齐 出现特殊情况，联络工作人员	安静有序，沟通顺畅
	1人看垃圾分类	查看光盘行动情况，查看垃圾分类	没有浪费行为，垃圾分类准确

续表

要做的事情	人员分工	主要职责范围	评价的项目
餐后有序活动	班级总管有序组织	班级无随意走动现象，按照时间节点组织学生有序做事	准时上岗，班级活动有序
	值日生值日（收拾餐具、地面、桌椅、黑板）	准时上岗，清洁彻底，有序进行 班级总管认可后方可进行其他活动	清扫干净、迅速
	其他同学	抄记事、改错题、写作业	无声有序，抓紧时间
室外活动	铃响之后全体学生	清空桌面，听铃声出教室活动 值日生要做完值日以后才能参加活动	清空桌面、安静离开

（2）岗位培训，让学生在尝试中学会自我管理。

分工明确之后，按照岗位进行培训，对于一年级小学生，需要手把手教。在实际操作中，结合发现的具体问题再进行相应调整。学生是第一执行人，他们在做的过程中会发现各种问题，比如：盛饭没劲儿，盛不上来；米饭太黏，粘勺子；不会端盘子，洒汤漏水；饭菜不够吃，该找谁；挑食问题等。此时，教师不急于提出解决策略，而是和学生一起仔细分析问题的原因，而后一起想出解决办法。

几次一起面对、分析、解决之后，学生的管理意识会渐渐被激活，会主动发现问题并自主想出解决办法。这个时候，作为班主任要鼓励学生大胆尝试，不怕出问题，不怕"我不行"，因为所有的"行"之前，都会经历一个过程。

午餐管理部的同学在工作一段时间以后，逐渐掌握了劳动技能，但是新的问题又出现了：工作人员分完餐之后，干净餐具和脏餐具混在了一起，他们找不到自己的餐具了。怎么办？老师不急于给出办法，而是让学生自己想办法解决。他们提出：让小组同学帮助打饭。可是一段时间以后，又发现新问题：帮忙的同学无法确定他们的食量，有浪费现象。为了避免浪费或者不够吃现象，他们又提出：还是自己打饭，只是需要早吃完的同学调整一下餐盘的位置，把干净的拿出来，脏的放进去。

一个月下来，学生完全实现自主管理午餐，教师轻松了，学生开心了。

3. 分清角色，学会等待

岗位技能培训，目的在于提高学生的劳动技能，养成良好的行为习惯，促成学生的自主成长。因此，班主任要敢于放手，让学生充分体验，达成教育目标。同时，老师也要允许学生出现问题，他们的技能正是在一个个问题解决中得以形成的。我们教师是培训师，是啦啦队，是静待花开的人。

📖 案例分享

你可长点心吧！

我们班的"足球小子"可以说是全校闻名，踢球水平百里挑一，常规习惯却是一塌糊涂。那天他又让邻座的同学忍无可忍。想投诉他，怕影响班级足球比赛成绩，不投诉他，整节课自己都没有办法安心听课，无奈只能一个人默默流眼泪。我得知情况后，找来体育部成员，询问他们该怎样处理。

"足球小子"作为队长乖乖回答："按照约定，回家反思。"

其他队员有些着急。"我们还有比赛呢！老师，能不能先不停课，等踢完比赛再停也不迟啊！"

我面露难色，"你们自己制定的规矩，我也不知道该怎么处理。"

"老师，我停课反思，一定尽早回来，我已经教过他们怎么练习。""足球小子"一改往日的嬉皮笑脸，很认真地说。

第二天"足球小子"回来了，小伙伴千叮咛万嘱咐："你可长点心吧,别再犯低级错误了,否则我们即将到手的月赛冠军因为低级错误丢掉,太可惜了!"

孩子们开心地奔向操场,我静静地回味着孩子们自我教育、同伴教育的那一时刻,淡淡的幸福涌上心头。

【案例分析】自主管理让孩子们在制定规则、执行规则、解决问题、同伴教育中,得到锻炼和成长。班主任作为引导和倾听者,学会让位、学会欣赏、管住急于说教的嘴,享受着做一个会"偷懒"的班主任,感觉真好!

三、故事育人,渗透德育

小学生对德育的认知,不是靠讲大道理讲出来的,而是真真正正的体验之后习得的。陶行知先生"知行合一"的教学思想,对于小学生,尤其低年级学生的教育,有非常重要的影响。"我听见了就忘记了,我看见了就记住了,我做过了就理解了。""千教万教教人求真,千学万学学做真人。"作为班主任,会发现故事、会讲故事、会续写故事、会通过故事教学生做人做事,是一种教育能力,更是一种教育情怀。故事源自哪里,我想应该是在我们和学生相处的每一天里。只要我们善于发现、捕捉,就会有故事。

(一)多听多看,发现故事

学生在校接触时间最长的就是班主任老师。上课、课间、课外活动,几乎每个学生都会有大量的时间出现在班主任的视线范围之内。有经验的、细心的班主任,会解读学生每一个不经意的小表情、小动作,和每个学生发生着故事;学生在一个个和班主任发生的故事中,感受着"我在老师的心里""我的老师很爱我"。一个个小故事串在一起,就是班级独一无二的教育。

有经验的班主任，眼里、心里大多装满了学生。他们不止是发现学生情绪上的变化，就连学生同伴交往之中的小秘密、小举动，都会被老师看在眼里，记在心上。同样，每个人的最美瞬间也会被班主任及时捕获：谁是接纳与悦纳的榜样；谁在自觉自律方面有突出表现等。每一个与学生成长相关的小瞬间，哪怕是一个眼神、一个表情、一个动作，都可以为我们提供教育灵感。及时发现，智慧引领，生成的就是教育。

当然，眼里有学生，心里有人、有事，不是事无巨细地管理，更不是小题大做。事事都管、过度干预，会让学生失去自由感，师生关系可能变得紧张。很多时候，我们看到或听到后，微微一笑、伸个大拇指、摇摇头等，肢体语言也是教育。眼里有学生，会让学生感受到班主任的关注与尊重，更会让"亲其师信其道"悄然发生。

班主任日常观察学生的小镜头集锦

时间段	学生状态	教师行为
上课	听讲状态、情绪控制、参与热情、接受能力、常规习惯、特长发挥	用肢体语言传递"我看到了""我知道了""我懂你"； 用眼睛说话，表示赞美、提醒； 用语言分享课堂中学生的亮点，学生出现错误，也表示感谢。
课间	同伴交往、课间活动、常规习惯、岗位担当	看行为捕捉故事； 重细节生成，品行为背后的故事。
学科	各学科表现、完成作业情况、作业习惯和态度	丰富学生的认知广度； 因材施教，策略引领。
家庭	家庭组成、人际关系、身体健康、心理表象	关注原生家庭，重视健全人格培养； 成为学生心里的一束光。
关注指标	和学生及家长沟通顺畅无障碍，关系融洽； 和学生及家长交谈时言之有物、言之有故事、言之有策略指导； 关注到位、表达适度，学生的成长看得见。	

（二）活动中巧用素材

班级活动是育人的重要渠道。活动不是轰轰烈烈走过场，而是实实在在让教育在学生身上发生。有效利用活动中的小故事，可以让更多的人受益。下面以我和海燕班的一次系列活动为例，说明如何把活动中的小故事，作为德育素材，唤醒学生成长的内驱力，助力学生的情感价值观的体验生成。

> **案例分享**
>
> ### 和太阳村小朋友手拉手系列活动
>
> 爱与被爱是每个学生也是每个人终身的必修课。尤其当今时代，学生们在家庭中都如众星捧月般备受关爱，爱别人却略显苍白。为此，我们和太阳村社会机构取得联系，那里居住的都是政府无偿代养、代教服刑人员的未成年子女。每学期我们都会组织和太阳村小朋友手拉手、献爱心系列活动。每次活动，都会有专门的负责人向来参加活动的人员介绍那里的孩子们的情况。而这正是帮助学生在听故事中感受"爱"的宝贵机会。
>
> 太阳村里面的小成员享受父母的爱少得可怜，大多是福利院的老师们和社会爱心人士在默默付出，关心照顾他们。因此，那里的孩子们在感恩教育方面体验更为深刻。
>
> **1. 活动中听故事**
>
> 果酱，在我们常人眼里没什么特别之处，也不觉得新鲜，但在太阳村小朋友眼里，却成了奢侈品，他们想让自己正在服刑的爸爸妈妈也能品尝。有一个小朋友怯生生地请求老师："老师，我好好表现，再看望妈妈时，能给妈妈带上一瓶果酱吗？"老师被他的爱心所感动答应了他。小朋友带着自己心爱的果酱和老师坐着火车来到监狱，看到

妈妈便兴冲冲地打开果酱，谁想，打开包裹的报纸却看到果酱洒了满满一报纸。面对老师的责问，孩子道出原因，"我妈妈胳膊骨折，我想她没有办法打开瓶子，我就帮她打开了……"当时在场的老师和学生没有一个不落泪的，为孩子的真情所感动，更为孩子的爱心所感动。

几个学生拿出他们捡废旧瓶子赚来的三百元钱献给太阳村。尽管三百元钱对于太阳村来讲只是杯水车薪，尽管三百元钱对于成人来讲不值一提，但对于他们来讲，一个瓶子就是他们的一份爱心。我清楚地记得在外出春游时，这几个孩子自觉放弃玩的时间，捡来一个个空瓶子，再满怀欣喜地运回学校。三百元钱，要捡多少个瓶子，这么多瓶子又蕴含了多少情呢？

几个学生因为特殊原因不能参加这次活动，为了表达自己的一份爱，他们忙活到凌晨三点制作小礼物，那份没能参加活动的遗憾化为对我们活动的惦念，在和家人去外地的途中还在问："太阳村的活动也不知道怎么样了，老师什么时候再组织一次呢？"

2. 化感动为行动

我们以班级为单位，认领爱心枣树、爱心萝卜，每年采摘的同时，强化感恩教育，教会孩子用行动表达爱，用心感受爱。

教育不只是一次活动、一次故事，而是需要通过各种活动不断强化，直至内化于心。因此，在参观完太阳村，拥有太多感动和行动之后，我们又开展"人人争做爱的宣传员"活动。我们把采摘来的爱心枣分给每个孩子两颗，但是现在不许吃，要给家长讲爱心故事，最后一起分享爱心枣。新摘的冬枣的确诱人，有孩子几次把枣放进嘴里又不得不吐出来，因为老师要求不许现在吃。我先让参与此次活动的孩子们讲述太阳村里最让他们感动的故事，孩子们听呆了，教室里鸦雀无声。太阳村的小朋友能把爱心果酱送给自己的妈妈，而且为妈妈想得那样周到，我们能不能也把爱心的果实与家人分享呢？此时再没有一个同学去吃这两个枣，上操时，有的孩子的枣从兜里掉出来，急得直哭，"老师，我的爱心枣丢了"。看着孩子们如此珍爱这份情，我暗暗高兴，谁说孩子小、不懂得爱，我们一年级的小朋友做到了。

3. 人人争做爱的宣传员

第二天，孩子们兴冲冲地告诉我，"老师，妈妈帮我把爱心枣分成了六份，每人一小块，妈妈说我真有爱心！""老师，爸爸妈妈听了两瓶果酱的故事都感动得哭了，说这个孩子真懂事！""老师，妈妈说我长大了！"

【案例分析】太阳村之行不只是一次校外公益活动，更是让学生学会珍惜、懂得感恩的德育工作落地生根的一条路径。听太阳村的故事，感受别人爱的表达；讲我们自己的故事，感受爱需要行动；分享"爱心枣的故事"，内化于心。一趟亲身参与、亲身体验的爱心之旅、几段被串联起的爱心故事，背后是班主任有策略的德育引导，引导孩子们感受爱、懂得爱。

立德树人绝不是走过场，也不是单纯完成任务，而是作为班主任，以心育心，唤醒学生真善美的社会责任感和使命感。我们需要精心设计每一次活动，认真思考每一个德育点，以及具体实施路径，把德育落在实处。

（三）捕捉契机讲故事

人们常说机会稍纵即逝。班主任在日常教育教学中，经常会出现许多偶发事件。仔细挖掘，每次事件背后都蕴含着教育契机。班主任如果善于发现和捕捉，把偶发事件作为好的故事素材，稍加整理，就是德育。

📖 **案例分享**

他哭了又笑了

1. 无意的发现，成为故事的素材

针对学生缺少伙伴，不会与别人友好相处的问题，我召开了一节《你是我的好朋友》主题班会。让学生学习与同伴交流，增进彼此的了解，感受友谊的美好。同学们努力寻找着自己喜欢的小伙伴，大胆表达着自己的感受。而此时，两个孤单的身影却躲在教室的角落。一个一副若无其事的样子，另一个伤心地流着泪，看着让人心疼。

我赶忙招呼同学们安静下来，"看到大家都找到了好朋友，你们开心，老师也开心。可是有两个同学却被我们忽视了，我相信他们也会有好朋友，对吗？"孩子们张大嘴巴，很吃惊，"谁呀？"

我先拉起小男孩，"同学们，他不知道自己的好朋友是谁，认为自己没有好朋友，是这样吗？谁愿意做他的好朋友？"一年级的小朋友都有一颗善良的心，看到小男孩伤心落泪，都纷纷举起了自己的小手。

"××，快看一看，这么多同学都是你的好朋友，只是你平日很少与他们交流，没有发现而已。有这么多朋友，你是幸福的。"小男孩惊讶地抬起头，他没想到会有这么多同学愿意做他的朋友。"孩子们，快走到他面前，和他拥抱一下或者握握手，让他看到你，感受到你这位好朋友。"孩子们热情地跑到他面前，拥抱的、跳跃的、说话的……小男孩破涕为笑了。当我再拉起小女孩的手，走到讲台前面的时候，孩子们不用我再说什么，主动热情地跑到了讲台前面，"×××，我们都是好朋友！"

2. 和学生一起续写故事，让德育的熏陶润物细无声

看着孩子们开心地置身于朋友的包围之中，我的脸上也露出了欣慰的笑容。接下来我给他们讲什么是真正的好朋友，怎样和好朋友相处。最后让他们各自向好朋友提出建议："我喜欢你的……，我建议你……"

让孩子们进一步感受朋友的关心与帮助。

【案例分析】当今的学生在家里都是"小皇帝""小公主",享受长辈众星捧月式的关爱。他们习惯了很容易得到,而忽视了主动作为。在同伴交往中只顾及自己的感受,很少顾及他人;他们喜欢同伴,但又不知怎样和同伴交流。就像案例中的这两个孩子,他们的内心渴望朋友,却不知该怎样去表现。试想如果我当时没有发现他们,他们的心情将会怎样?失落、失望、悲伤、难过……也许将成为一个很长时间挥之不去的阴影。一双善于发现的眼睛,让德育变得常态化。

第二章

自主管理"不强制"
——构建班级管理的"黏性"要素

家长在追求教育平等的同时，无不希望自己的孩子能拥有更多的体验机会，得到教师更多的关注。尤其低年级学生家长，更关注教师对待学生的每一个细节。排座位怎么排？小干部怎么选？评选小标兵自己的孩子有没有上榜？等等，可以说班主任日常工作的每一个小点，在家长看来都是非常重要的事情。

随着时代的发展，小学生变得更加有思想，阅历更丰富，个性更张扬，他们渴望成长、渴望被尊重、渴望被关注。当个性化需求得不到满足的时候，随之而来的则是师生关系紧张或者学生产生越来越多的心理问题。

小学班主任置身于教育被社会广泛关注、家长和学生的维权意识越来越强、教育工作更加多元等新语境下，如何平衡个体与集体的关系，尽可能让学生在健康、有序的轨道上和谐发展，是班主任工作的艺术，也是对教师职业素养的一个挑战。

我曾经做过一次访谈，调研学生所希望的班主任是什么样、教师的理想以及年轻班主任的困惑。

学生所希望的班主任	年轻班主任的困惑
不说教、不爱发火	怎么改掉唠叨的毛病
公平、公正	身兼数职，顾此失彼怎么办
幽默、有智慧	面对突发状况有些不知所措
有真爱	怎么应对特殊学生的突发状况
有方法带好班	家校共育如何开展

调研分析：不说教、不发火的班主任是学生最希望拥有的。当教师拥有了足够的教育智慧，就可以解决很多实践中的困惑。

在教育实践中，除了遵循小学生心理发展规律，做智慧型班主任还要善于"放权"。为学生搭设自主管理的平台，学生的事情由学生自己说了算，这是减少"碎嘴"现象的重要方式；让民主发声，让自主管理发声，也会为"发火""说教"按下暂停键，教育智慧也会应运而生。

为学生搭设自主管理的平台，一定程度上也会破解新语境中班主任面临的职业危机，班级管理的"黏性"会随之产生。

一、尊重学生主体地位，"我的班级我做主"

电视剧《士兵突击》中有一句经典台词："常相守是个考验。"教师和学生之间，日复一日的相处正是一种相守。有人把教师和学生之间的关系比喻为一场单向奔赴的"恋爱"，"学生虐我千百遍，我待学生如初恋"。

怎样让"相爱相杀"的"相守"增加一些黏性，让班级管理成为一种享受呢？班级是学生的班级，管理是对学生的管理。因此，班主任的日常班级管理，无论是班规的制定、班干部的选举、班级岗位的设置，还是排座位的方法等，都要充分尊重学生的天性，尊重学生的意愿，让学生在被尊重、被理解中，爱上教师的班级管理，爱上自己的班级。

（一）自己的班规自己定

有研究表明，有效管理与无效管理之间最主要的不同点是教师处理规章制度的方式。班级的规章制度简称"班规"。班规是班级成员共同承诺遵守的，需要赢得班级成员的共同认可。班规的制定必须以《中小学生行为规范守则》为依据。班规是集体的行为约定，一旦建立，便成为班级的最高权威。班规面前人人平等。

班规谁来定，什么时间定，定什么，怎样定，每个班主任工作风格不同，处理方法也不同。但好的班规一定是符合全体成员意愿，促进班级和谐共生的。班规通常是在开学初制定,在班级建设的不同时期可以进行相应调整。班规的制定与调整,都需要尊重学生的主体地位,学生全员参与的过程也是自我教育的过程。

班规制定六部曲如下:

第一,集体是我家,我为集体画像。走进这个教室的那天起,大家就组成了一个新的集体,小学几年时光,我们都将一起走过。每个人都希望很多年以后,拥有一段最美好的回忆,所以我们一起为心目中的好集体画像。

第二,小组提炼关键词,形成班级共识。优秀的集体是我们共同的愿望,我们毕业时,可以骄傲地说,我想要的集体就是这个样子。把小组同学提炼的关键词进行统计,大家都提到的,可以用各种醒目直观的形势呈现在同学们面前,比如花瓣或其他图案,让"集体"一词对学生造成视觉冲击和心理撼动。

第三,聚焦班规,形成具体约定。大家对"优秀"的构成要素有不同意见,可以充分讨论做修改,最终达成共识,落在纸上,形成班规。每个人都要把班规落实在行动中、印刻在心中。

第四,奖惩措施与常规评价紧密结合。班规实施,要有评价机制作为保障。哪些方面是奖励项,怎样奖;哪些内容是惩罚项,怎样操作。班规的实操性越强,班主任管理越容易,学生的认可度越高,班规的约束力越强。

第五,定期调整相应条款,班规要适应具体班情。随着学生年龄增长,班级建设日渐完善,班规具体条款也会有相应的调整,可以是一个月后,一个学期后,也可以是一个学年后。总之,班规要服务于班级管理,绝不是应付检查走过场。而且班规的调整依然遵循全员参与原则,如:你认为到目前为止,你看到的不文明现象有哪些?你想对这些现象说什么?对照班规和评价细目,你认为哪些可以被替换?哪些需要加入?

第六,全体成员签字按手印。小小的仪式感,让班规多一些严肃,让学生多一些敬畏。

学生在参与制定班规的过程中,感受到"我是班级小主人""我的班级我做主",他们感受到被尊重的同时,也会更加尊重集体,敬畏规则。

(二)自己的管家自己选

小干部队伍,是班级建设中不可忽视的重要力量。小干部的产生、优秀学生的选举,一直是小学极为敏感的话题,班主任要格外重视,最重要的是做到"公开透明、公正无私、全员参与、过程留痕"。

为了体现班级学生人人平等,避免小干部"特权"思想,我们可以把"小干部"淡化为"小管家",倡导"人人有事做,事事有人管,人人是管家,人人在管家"。

公平竞选班级管家,分为如下环节:

(1)公开参评条件。班级评选,由学生共同商定标准,确保参评标准人人知晓。

(2)毛遂自荐,人人平等。每个同学根据标准,结合自身实际情况,进行自荐,并写出1~2分钟书面竞选词。因病、因事缺席的学生,由班主任电话或微信通知本人,保证他们的民主权益。

(3)班级竞选公平公正。每个参选人进行竞选演讲,其他学生结合自己的日常观察,投出自己的选票。如果参选人比较多,也可以增加为他人拉票或劝退环节,避免演讲环节时间过长,造成投票人员的懈怠。同时,为避免"人情"和"事情"混淆,严格坚持评选工作的客观公正原则。一旦发现投人情票,取消当事人日后其他参选资格,当日票作废。在拉票或劝退环节,要以事实为依据,正向激励为主。拉票的说出拉票的理由,劝退的说出自己的见解。

(4)不记名投票,按照得票多少排序,确定当选人员。"小管家,大家定"可以充分发挥民主作用,有效减少不必要的麻烦。被劝退、落选的同学,明白了自身的不足,当选的同学感受到被认可,对自己的职位也会有敬畏心。家长听孩子讲述选举过程也会感受到公平公正,对班级有更多了解。

(5)关注个体,评价促成长。选举小管家的过程、评优的过程,都是一次次的成长。个别学生出现情绪问题,班主任要及时关注,给予个别谈话、情绪疏导,让学生感受到"我依然有希望"。小管家评选如此,评优评先亦是如此。

(三)自己的岗位自己领

我们倡导"人人有事做,事事有人管,人人是管家,人人管事情"。具体有哪些事情要做,怎么做,谁来做,还是要交给学生自己商议。一二年级学生年龄小,"挑肥拣瘦"意识还不是那么强,因此不做评价参数。三年级以后,可以根据岗位的难度系数,进行评比量化的倾斜。脏活、累活不需要能力强,但需要坚持的态度和较强的责任意识,所以赋分可以相对高一些。创造性的工作、对班容班貌产生较大影响的岗位,赋分相对都会高一些。

学生根据班级实际情况,给自己定岗。黑板报需要有人更新,自己擅长绘画,可以申报宣传部;没有特长只会劳动,可以申报劳动部;班级纪律要有监督,特设纪律督查等。岗位为每个人量体裁衣,班主任能做的就是按需提供岗位,明确岗位职责,适时进行培训、调控和评价。

岗位评价也是按照自己述职、同学赋分、赋分排序公示、集体讨论不合理的岗位赋分情况的流程,形成个人岗位评价成绩。

小学生要在体验中丰富自己必要的生活技能,因此,岗位要定期轮换,鼓励学生大胆挑战自我,主动申报岗位,在不同岗位上锻炼自己,在管事、做事的过程中得到成长。

班级岗位职责一览表

班级岗位	职责	责任人
班主任助理	以身作则,做好日常管理; 每天组织学生有序做事,专时专用; 主动协调班内的偶发事件,及时和班主任沟通; 关注学生思想动态,营造班级正风正气; 督促各位主管及时上岗,遇有缺勤情况主动补位。	

续表

班级岗位	职责	责任人
卫生主管	按时值日不拖沓，责任到人仔细查； 桌椅整齐无杂物，地面干净无死角； 黑板门镜无水渍，清洁工具摆放齐； 组长协调有分工，完成任务齐努力。	
学习主管	按要求带读晨读，声音洪亮，站姿标准； 学科要求督促到位不遗漏； 收发作业及时有序不拖沓； 乐于助人帮扶到位有方法； 量化管理公平客观数字化。	
体育主管	铃响口令响，路队快静齐； 行进有精神，督促要到位； 月赛早准备，做好帮扶对； 两操巧组织，健身靠自己。	
宣传主管	壁报宣传及时更新，班级动态及时发布； 内容丰富版面精美，张贴处无翘边； 每日新闻有督促，家风故事做记录； 主题班会小舞台，精心策划展风采； 一日常规要播报，及时提醒有检查； 班级文化巧打造，正风正气促成长。	
纪律主管	常规管理无空岗，晨读有序做事情； 专时专用巧提醒，智慧管理不浮躁； 及时发现小榜样，问题学生要帮扶； 量化管理有记录，确保班级有秩序。	
电教主管	课前根据需要开启电脑，离开教室人走灯灭； 开窗通风保证空气清新，节能减排尽职尽责。	
午餐管理	分工合理工作有序，无声管理省时高效； 规范上岗讲究卫生，技术娴熟无洒汤漏水； 分餐适量避免浪费，互相尊重利人利己； 垃圾分类落实到位，年级抽查绝不丢分。	
班容班貌	班级面貌无声的宣传，绿色植物净化空气； 图书摆放彰显个人素质，讲台小柜体现尊师； 轻声慢步确保安全，文明沟通促进和谐； 量化管理有奖惩，注重细节有心人。	

（四）排座位的方法

排座位也是令班主任头痛不已的事情，有的孩子个子小，有的孩子视力不好，近视、远视、弱视，还有的行为习惯差，左邻右舍受干扰。家长们为了排座位的事情也是各种信息沟通，想要得到特殊照顾。怎样化繁为简，让换座位成为大家都认可的一件事呢？

首先，针对排座位问题，我专程咨询过眼科专家，一般坐在教室的任何位置，都不会长时间看黑板，上课时听听、写写、看看，这样眼睛是不会受太大影响的。但是，长期固定在一个位置，不利于视力的自我调节和保护。

另外我们现场实验：让小个子同学在离教室最远的位置看讲台和屏幕，学生表示稍稍歪一歪脑袋就可以看清楚。

结合专家意见，参照学生亲身体验之后的结果，全班同学达成一致：排座位每个人全程参与，力求做到让每个人都满意。

低年级学生喜欢新鲜感，更喜欢充满童趣的组合方式。因此，定期轮换座位，让每个学生可以尝试多种组合形式，体验不同的群体组合，包括体验坐在教室的角落。孩子们自己决定的事情，家长们也无话可说。现将常用的几种组合方式及操作方法整理如下：

排座位方式	解释说明	排列方法	注意事项
按照个人意愿自然生成	彼此不了解，第一次排座位	按照到校的先后顺序，自己找认为合适的位置（小个子学生、视力有问题的学生会根据自己的情况，合理选择位置）。	个别到校晚的学生，位子不合适，大家共同想办法，看坐在哪儿更合适，进行微调。
趣味盲盒随机生成	让排座位充满新鲜感和不确定性	按照随机生成的名单进行分组。	要考虑男女搭配、学生行为习惯差异、组与组之间的差异，征得学生同意后，适当微调。
按照学生意愿，自愿组合排位	志趣相投+双向奔赴+黄金搭配原则	公平竞选，确定组长人选；按照双向意愿，小组进行"招兵买马"。	好朋友扎堆现象要注意调控，需要事先说明自愿组合的利与弊。

1. 座位排列方法

（1）单人单行，适用于学期末，静心学习阶段。

（2）两组并列，双人双行，适用于低年级学生习惯养成阶段使用，二人便与合作，互相督促。

（3）前后四人小组或六人小组围坐，适用于中高年级，营造团队氛围，进行项目式学习。

2. 调换座位的方法

每周组内小循环，前后依次换位；每月组与组之间大循环，让每位学生都能体验教室的每一个角落。

班规制定、班级管家选举、排座位等班级日常最基本的管理工作，在民主平等又充满童趣的全员参与中完成。家长对学校的了解，通过孩子的讲述变得生动起来。学生开心、班主任省心、家长放心，可谓一举多得。和谐向上的班级氛围、民主平等的师生关系，班级管理的黏性悄然生成。

二、制度里面加点温度，让班级管理更高效

从班规制定到小干部的选举产生，从班级岗位设定到各种排座位方式的体验，班级的所有大事都让学生真正成为班级的主人，得到应有的尊重，在一定程度上，为创建和谐民主的班风、班级的有效管理，奠定了良好的基础。执行班规、实际运行各项常规工作，需要一个过程。在这个过程中，还会有较大的空间。制度里面加一点温度，加点智慧，让班级管理的过程变成一个个故事的生成，让故事为班级的成长、学生的成长助力，管理会更加高效。

（一）管理有法无定法

面对原则问题，坚定的坚持是管理；面对常见纠纷，情景还原是手段；

面对日常事务，量化评价是策略；面对突发事件，智慧引领是技能。不同场合、不同时间、不同事件，管理方法也会有所不同。

由于我们面对的是小学生，认知水平、心理承受力都有一定的局限性，所以实施管理策略时，一定要遵循小学生心理、生理、认知、情感等方面的特点，晓之以理、动之以情，避免高压或者冰冷的教育。

在众星捧月般的环境下长大，学生极为敏感，心理承受力弱，管理方法不得当，就会影响学生身心健康。家长对学生心理健康更是高度重视，一句话、一个眼神、一个错误的解读，都可能带来不可调和的家校矛盾，而且，总有好事者利用自媒体大做文章。因此，班主任对班级和学生的日常管理，是责任心最直接的体现，更是教师教育智慧的有力说明。

教无定法，对学生的管理也是如此。没有一本指南或者策略大全可以供班主任照搬照抄，但静心思考，还是有一些方法可以尝试。

各种激励措施相配合，是班主任在班级管理方面个性化的教育呈现。教室内张贴各种评比表是班主任常用的评价方法；有的老师用代币制，通过积分兑换各种奖励的方法，对量化评比进行阶段性调整；及时表扬和鼓励、发奖状、给家长发捷报、和学生共进午餐、心愿卡等奖励措施，也成为学生的期待；另外，家访、个别谈话也是班主任常用的管理手段。不管哪种方法，一定是以激发、唤醒学生成长的内驱力为初衷。不管哪种方法，都不是单一存在的，而是需要融会贯通。另外，真正想让管理达到预期效果，需要班主任坚持不懈、且行且思。

（二）评价让管理看得见

人们常说，"分分，学生的命根；考考，老师的法宝"。分数，是班级管理量化的一种呈现，是学生一段时间态度、行为的外显，还是同伴间横向、纵向比较的重要参考。因此，在班级管理中，老师们通常会采用分数评比进行量化管理。

1. 张贴评比表

班主任最常使用的评价办法是张贴评比表。这种方法的优点是每位学生的日常表现一目了然，对于自我认知能力较强且上进心强的学生来讲，这是一种无形的激励。但是对于问题比较多的学生而言，落后成为常态，继续发展的动力也会严重缺失。可以说，张贴评比表，评价班级管理日常工作，是几家欢喜几家愁。分数高的、分数低的、保持中间水平的，分布状态比较均衡，缺少变化之美，因而评价意义也会大打折扣。毕竟评价只是手段而不是目的。科学的评价，是通过一系列可操作的量化方法，激励、促进学生的成长，而不是用分数打击部分学生。所以班主任在采用评比表时，要把握好"度"。把评价当成目的，以此给学生分成三六九等，会失去评价的意义，也会给自己带来不必要的麻烦。

2. 班级优化大师

随着现代化技术的更新，各种评价软件将逐渐取代评比表的功能，同时注入适合学生年龄特征的新的功能。这里和大家分享一个应用软件，班级优化大师。

班级优化大师是希沃（seewo）专为教师打造的智能班级管理工具。班级优化大师通过 AI 等智能技术与教学管理的应用融合，赋能教师课堂管理、家校管理、班务管理三大核心场景，帮助教师激活课堂学习氛围，降低家校沟通成本，提升班务处理效率。学生亲切地称它为"猴子管家"。

"猴子管家"最大的亮点是在充满童趣化的场景中进行有温度的管理。每位学生可以从中看到自己的成长过程。1颗小星星、2颗小星星，集够4颗小星星换成一个小月亮，4个小月亮之后会升级为一个小太阳，4个小太阳后可升为一个王冠。等级兑换、猴子勋章、礼品兑换，各种层级的评价激励，成为激发学生进取的无声力量，和班主任日常的代币制相比有异曲同工之妙。学生每一次加减分，都可以通过图标直观显现出来。点击排行榜，同伴的等级、相差的分数，也是一目了然。和之前的自己对比，进步和退步也更为直观。

利用童趣化软件量化评比还有一大特点，就是学生可以自己操作，感受记录的快乐。同时，学生可以向家长描述自己在"猴子管家"评比中升级的过程，以及自己排名的变化，让家长多一条了解学生的渠道，丰富了亲子沟通、家校沟通的内容。当然，班级优化大师也可以邀请家长加入，但是为了避免引起家长不必要的焦虑，更好地发挥评价的正向激励作用，我们可以自主选择是否加入家长。

评价内容的设定要遵循全员参与的原则。理解不同学生的发展需求，让不同学生看到希望。同时，评价内容也可以随着班情的变化不断调整。通俗、童趣化的评价要素，学生很容易对号入座。例如我将第二学期评价主题设定为：播种二月守承诺，雷锋三月到我家，百花争艳吐芬芳，五月鲜花格外红，赞歌送给你我他。不同月份有不同教育主题。

评价的"表扬"和"待改进"项也会有所调整。但不管怎样改，都有很强的可操作性，简单明了。比如"待改进"项设定 6 个："小迷糊"，很显然，是指不懂得什么时间应做什么；"大嘴巴"，指不合时宜的时间和地点随便讲话；"小懒虫"指不能做好自己的本职；"小邋遢"指个人卫生保洁有问题；"小闹闹"，指缺少行为自控，对班级同学造成影响。

关于"待改进"的内容确定，非常有意思，二年级第二学期最后两个月，由于马上面临低年级向中年级过渡，培养学生他律变自律成为班主任工作的一项重要内容，也是学生自主成长的重要标志。当学生看到有人在老师在场和不在场的时候有截然不同的表现，便自己商定加一项"双面人"，衡量学生是否做到老师在和不在都能用行为规范要求自己。

3. 特色量化评比

量化评比的方式有很多种，尤其网络时代，有各种适合不同年龄特征、不同群体的应用软件，其实不用信息化软件，单纯用传统的评价计分办法，同样可以有效地督促引领学生。

量化评比还可以根据教师自身特点及所教学科特点进行。有一位科学教师做班主任，她的评价措施充满了科学的味道。每一种容器代表一种品行，学生在日常校园生活中表现出来的每一种好品行都会通过相对应的容器给予记录。例如：同伴之间发生纠纷时，没有计较，而是给予包容，就会获得一个代表"宽容大度"的烧杯；乐于助人的孩子，他的酒精灯数量一定是最多的。把学生良好的品性和科学课上所学的科学器材相结合，形成特色量化评价，并由此开展"小小科学家养成活动"，教师通过观察，记录同学们的表现，随着同学们不断进步，积累的"财富"（获得的容器）越来越多，最终成为"小小科学家"。

小小科学家养成记，是良好品德的形成记录单，没有竞争，没有表扬与待改进，但却是无声的激励，记录了学生的成长与进步。哪些同学德智体美劳全面发展，哪些同学成绩突出，哪些同学爱劳动，哪些同学乐于助人，一目了然。

小小科学家的养成过程，是一个学生良好品德形成的过程。学生在主动成长、追求个人"财富"积累的同时，还可以发现同伴中的小榜样，其他同学的优秀表现在哪里，要向他学习什么，不断为自己的品德养成做加法。

小小科学家养成记

器材名称	优秀品质	个人财富积累
烧杯	宽容大度	
温度计	公平公正	
酒精灯	乐于助人	
天平	路队整齐有序	
恒温恒湿培养箱	专注学习，不被干扰	
石棉网	保护同学，责任担当	
磁力搅拌器	感染同学，主动学习	
显微镜	发现问题，主动改变	
计时器	掌握时间，不拖沓	
PCR 基因扩增器	日复一日，养成习惯	

建立适当的评价机制,是班级日常管理中的抓手。评价是导向,以评价促成长,评价的目的是正向激励。

三、班级常规管理的 6 个小锦囊

量化评价管理是班级日常管理的策略之一,但偶发事件却不是单纯的一个评价分数可以解决的。如何利用偶发事件的教育契机,让班级管理形成一种正能量的引导,让集体稳步、健康地成长呢?

(一)锦囊1:"苦肉计",以身示范

教师以身示范、为人师表,可以对学生产生潜移默化的影响。但是小学生受年龄所限,还是会出现一些问题,需要教师智慧引领。

> **案例分享**
>
> 我挨罚了
>
> 一次处理完家事,领导、老师们纷纷到班内慰问我。学生只顾得兴奋,却忽视了和进班的老师打招呼。文明礼仪是入学第一天就开始反复强调的德育重点,尤其一年级是习惯养成阶段,作为班主任对此自然是不能忽视。
>
> 关起门来,我本想对孩子们进行一番教育。静心想想,简单讲道理不大符合一年级学生的认知特点,全班批评也不太合适,毕竟法不责众。索性来尝试点新的。
>
> 我先主动承认错误。"孩子们,这么多位老师到班上来,如同我们的家里来了客人,该怎样招待客人?那么多同学都忘了和老师们打招呼,看来是我对你们的教育引导不够,我道歉。"
>
> "对照班规看一看,我们违反了哪一条?该怎样处理?"我接

着追问。

"做文明的一（4）班成员，主动热情和客人打招呼。"学生齐声回答，但明显声音不够洪亮，因为他们知道自己违反了班规，要接受惩罚。

"因为是大部分同学都没有做到班规的这一点，所以我不惩罚大家，但我要惩罚自己，因为教不严师之惰。"学生听到我要自我惩罚，愣愣地坐在位子上，好像惹了大祸一样。教师主动担当，学生才会勇于面对，教师带头遵守班规，是强调班规对所有人具有约束力，人人都要敬畏班规。

一个课间之后，我把工工整整抄了50遍的班规贴在壁报上，并拍照发到班级群，让家长和我一起，用故事做"药"，唤醒学生的文明意识，更用无声的语言写下"班规面前人人平等"几个字。

"老师来真格的了，我也要注意了，可别触犯这条底线！"学生很聪明，敏感地洞察了教师的一言一行，他们明白了事情的背后，老师的态度是什么。他们在和家长分享故事之余，心里对教师的敬畏、对班级制度的敬畏也油然而生。

【案例分析】教师的"苦肉计"让班规面前人人平等具象化，"苦肉计"不是作秀而是做事。教师的自我惩罚，为班规的严格执行树立了榜样。公平、公正的管理氛围为孩子们良好习惯的养成提供了土壤。对教师来说，班级管理轻松了，学生的常规习惯慢慢也养成了。

"苦肉计"是一种策略，但不适合经常性使用。面对集体性犯错，教师不宜进行集体性惩罚，适当使用"苦肉计"，体现教师的勇于承担，也是"以身示范"的另一种表现形式。

"苦肉计"不是简单的教师受罚，而是让学生明白原因，是对学生规则意识的唤醒，也是警示。苦了教师，但成就的是学生规则意识的强化与养成。

（二）锦囊2："照镜子"，自省促成长

班规是班级管理中照章办事的依据，表扬还是惩罚，不需要教师过多的语言，学生很容易对号入座。把班规当成一面镜子，让学生经常照一照，也是帮助学生自省促成长的一种手段。

白纸黑字的班规，是"章"，照章办事是理，但运用"章"的过程中要讲策略才能让班规的效能更大化。

> **案例分享**
>
> ### "我"在镜子中是啥样
>
> 整整一个上午我外出开会，心里却放心不下这些孩子们。帮忙代班的新毕业的大学生老师，能管住这些顽皮的孩子们吗？会不会有哪个孩子惹祸呢？匆匆忙忙回到学校，看着孩子们安静地已经开始写当天的家庭作业，心中有几许安慰。
>
> "孩子们，说一说你们今天上午的表现。"班内一阵沉默。
>
> "班长，你说说？"
>
> "老师，我觉得大家表现都还可以！"班长很客观地说。
>
> "老师，不对，×××、×××、×××被形体老师批评了！"看着跃跃欲试要告状的孩子们，我做了一个安静的手势，我知道几个自我约束力差的孩子肯定会有少许麻烦，与其让大家揭发，还不如给他们一个悔过自新的机会，达到自我教育的目的。
>
> "孩子们，我们的班训是？"我有意提问。
>
> "诚实守信，团结互助，积极进取，永争第一！"孩子们齐声回答。
>
> "那好，诚实的孩子们，让我们用班规做镜子，照一照自己的言行。有谁一时糊涂忘记了班规，违反了纪律，请你主动站起来，老师知道你下次一定会改的。"我微笑着发起"照镜子"倡议。

几个"小闹将"不好意思地站了起来，经同伴核实，还真就是这几位同学。

"对照班规想一想，你违反了哪一条，然后自己拿出解决办法。"我语气轻松地说。

几个学生陆续走到班规前，然后又陆续走到我跟前，"老师，我违反了×××条，我甘愿抄5遍，能记住！""老师，我抄一遍就能记住！"呵呵，规则面前人人平等。

"镜子可以帮我们看到脸上或身上的瑕疵，同样也能照出最漂亮的我们。我们再来照一照：有哪些同学在老师不在的时候，能自觉管理自己，是最文明的班级成员呢？说一说你们是怎样想的？"正面教育是教育的主渠道，好的典型是无声的教科书，因此，在"照"完违反规定的学生之后，我又开始拿着"放大镜"寻找班级最美的闪光点。

有六个孩子鼓足勇气站了起来，"老师不在的时候，我觉得我比老师在的时候表现更好！""我觉得我进步了，今天一次都没挨批！"几个学生从不同方面阐述着自己的看法，其他学生也挺直了腰板，对小榜样们的精彩表现报以热烈的掌声。

"孩子们，老师从你们'照镜子'的过程看到了每个人的具体表现。经常用班规做镜子，照照自己的言行，你会与优秀为伴，优秀和自觉是形影不离的好朋友，希望你们都有这样的好朋友。我想还有很多同学也模范遵守了我们的班规，只是有些谦虚，或者自我要求的标准更高，没有站起来，为我们能够自觉遵守班规鼓鼓掌吧，老师要把你们的精彩表现发在班级博客上，让家长们分享我们成长的乐趣！"

【案例解析】"照镜子"是学生的自我行为矫正，用班规做镜子，是童趣化管理的一种手段，适用于低年级，与"每日三省吾身"异曲同工。中年级，可以让学生对照班规为自己画像，同伴之间看一看，评价一番；高年级，可以让学生对照班规，检查自己的言行，展开行为大讨论。

（三）锦囊3：夸张的赞美，让优秀成为荣耀

人们常说，好孩子是夸出来的。用带有隆重仪式感的赞美，表达对学生的认可，对于小学生而言，这是一种荣耀、一种力量、一种品行强化剂，还是一种舆论导向。若干年以后，学生会淡忘很多东西，但特殊的赞美或奖励，会成为他们最美好的记忆。给孩子一个大大的拥抱，一句由衷的赞美，一张奖状，给家长发一封捷报等，都可以让优秀成为荣耀，良好的班风也在这样的关于优秀的分享中逐渐形成。

> **案例分享**
>
> ### 郝老师的拥抱
>
> 郝老师是我的班主任，她给学生的最高奖赏是一个拥抱。我在郝老师班里上完了一年级和二年级上学期，只得过郝老师的一次拥抱。
>
> 记得我刚上学的时候，因为要住宿，很不习惯，一上课我就跟老师说："老师，我难受！"我心里就是想爸爸妈妈把我接回家，可是老师不理我，我就装得更难受，可老师还是不理我，我就只能坚持下去了。
>
> 我就这样坚持了一天，也没出什么事儿，只是心里还有点难受，还有点想家。就在这时候，郝老师给了我一个拥抱，并且表扬我说："坚持就是胜利！"
>
> 郝老师的拥抱很神奇，好像有一种魔力，暖暖的，让我心里感觉很踏实，我不再那么想家了，我开始喜欢起我的郝老师，开始喜欢起我的学校。后来，在郝老师的指导下，我当上了组织委员，还被评上了"二年级组文明自觉之星"，我觉得都是郝老师的那个拥抱起了作用，改变了我。
>
> （刘开太）

【案例分析】夸张的赞美适用于低年级学生。到了中高年级，我们适时的鼓励，也会让学生兴奋不已。这里要强调的是，"赞美"一定要言之有物，绝不仅仅是一句简单的"你真棒"。即使同样是表达"你真棒"，也有不同的表达方式，"你太棒了，我没想到这件事情你会做得这么好！""你是我的骄傲，也是班级的骄傲，相信下次遇到同样问题，很多人都会效仿你！"

丰富的赞美词汇、真诚的表情、合适的场合，在一定程度上，都会让这种荣耀之光影响到更多的学生。

（四）锦囊4：堵不如疏，倡导有意义的活动

小学阶段是习惯养成阶段。在培养习惯的过程中，单纯说教、反复抓抓反复的方法已经不适合当代学生的成长需求。作为班主任，如果能跳出一味堵漏洞的解决问题思路，换个角度思考习惯养成的措施，效果会更好。人们常说，堵不如疏，道理就在于此。例如，小学行为习惯要求课间轻声慢步不打闹。但是无论怎样提要求，总有学生不能遵守。究其原因：学生的年龄小，活泼好动是天性；课间除了上厕所、喝水、做课前准备，剩下的时间没事做，当然就是大声喧哗、追跑打闹了。因此，对于课间管理，可以从给学生找点事做开始。

北京市育英学校党委书记于会祥提出了班级建设的三个"存在"，即让每一个学生感受到在班级的存在，让每一个学生感受到班级在学校中的存在，让每一个学生感受到学校在社会中的存在。

三个"存在"，既体现了班级是学生的班级，每个学生都是不可或缺的，更为班级文化的外显——教室环境布置——指明了方向。教室的每个角落都可以成为学生发声的平台，发动有特长的学生，开辟自己的活动角，招募队员一起参与，有趣的折纸、科技角、益智角、口才社等，让课间散发出班级的生命力，尊重学生的兴趣特长的同时，丰富了学生课间的活动内容，课间

大声喧哗和追跑打闹现象也随之消失。小学生喜欢直观形象的教育，喜欢在活动中自然习得行为习惯，教师要做的就是为学生打通感悟的空间，为学生搭设一个平台。

> **案例分享**
>
> 一个人的梦想变成大家的梦想
>
> 2008年假期家访时，小涵兴冲冲地捧出一堆小星星，"老师，今年是2008年，北京召开奥运会，我想向奥运会献礼，送给他们2008颗小星星。但是我每天很辛苦地折，到现在才折了500颗，我怕开学了没时间完成了。"说完她很沮丧地低下了头。
>
> 听着孩子美好的心愿，我有些感动。500颗小星星凝聚了孩子的一片奥运情结。怎样帮助孩子实现这一梦想呢？我迅速思考着。一个人的力量是有限的，何不发动同学呢？
>
> 开学后，利用班会时间，我让小涵提出了自己的设想。同学们为她的梦想而慨叹，纷纷表示要加入这一行动。于是，我把任务分到了各学习小组，由小涵当老师，教大家怎么折，然后把材料发下去。孩子们认真地折起来。有的孩子学得慢，互帮互助的场面不时映入眼帘。以往，课间人声嘈杂，追跑现象时有发生，如今课间安静了，大家都在高兴地折着小星星，编织着他们的奥运梦想。
>
> 【案例分析】一年级学生课间活动少，同伴之间交流少，让他们一起折星星，既增强了感情交流，又完成了小涵的梦想，还让所有同学参与了奥运献礼活动，可谓一举多得。

（五）锦囊5：严中有爱，促习惯养成

面对低年级幼小的孩子，我们有时候真的不忍心批评。但是为了帮助学生

养成好习惯，我们还是不得不偶尔板起面孔，帮助孩子建立必要的规则意识。

刚入学的孩子，进入刚刚组建的班级，小家伙们也正是在和我们一点点磨合中，感受我们的底线。老师严一点，他们对自己的要求会高一点；老师松一点，则会对班级风气的形成带来一定的影响。严中有爱，相信慢慢长大的孩子们会理解，相信家长朋友更会理解。

教师是园丁，在小树苗长出枝枝权权的时候，一定会及时修枝剪叶。但在修剪的过程中，孩子需要接受的勇气，家长需要放平心态配合。用孩子的成长作为宣传故事，是对孩子改变的高度认可，也是对家长科学育儿的智慧引领。教育是有原则的，必要的坚持是习惯养成的有力保障。

坚持，是教师的一种态度传递，有助于促进学生养成良好的习惯。但坚持要把握好"度"，坚持过度，有时候就会成为"较真儿"，导致家长和学生反感，有时候甚至会给教师本人带来麻烦。

这里的坚持是指对原则问题的处理。前提是要得到家长的认可、学生可以接受，校方领导也要给予一定的支持。例如，屡次影响课堂纪律的问题、多次不完成作业的问题、偷拿别人东西的问题等，对学生的这些行为问题，教师要给予必要的矫正并持续关注。

按时完成作业是对学生最起码的要求，没有特殊原因，每个人都要遵守这一规定。多次无故不完成作业，教师有责任按照相关要求，对学生进行教育。合适的时间、合适的地点，责令其按要求写完家庭作业。但是放学后留下学生补作业，事先必须跟家长说好，要留大约多长时间，看家长有没有异议。家长流露出一点点不乐意，我们都不能把学生留下来，可以告知家长孩子缺了哪些作业，建议回家督促孩子补齐；如果家长同意，坚持几次留堂，配合其他教育，学生不写作业现象就会有所好转。

这里再三强调：坚持矫正之前，务必取得家长的同意，否则就是无意义的作茧自缚，让自己处于不利局面。学校教育不是万能的，我们尽力就好。

（六）锦囊6：善用信息技术

在日常班级管理中，到校的孩子很容易被关注，但是因病、因事，长时间不能到校的同学，很容易被忽视。及时关爱每一位学生，全方位育人，是每位班主任老师的职责所在。让缺课学生保持和集体的步调一致，是我们不容忽视的一份职责。

跨越时空的关爱怎样体现？教师除了日常问候，还需要做些什么？我们可以利用信息化软件实现线上陪伴。

小伙伴的线上陪伴包括：班级管家通过微信分享班级即时动态；小组固定一个信息员，及时送温暖，问候身体、精神、心理状况，分享喜怒哀乐；好朋友天天或隔天主动问候。缺课时间较长的同学，还可以直接连线现场，课堂同步、教育教学活动同步。教师和学生的连线，也是必不可少的。彼此关照、相互温暖，在特殊时期用特殊的形式呈现，可以增加师生间、生生间、家校间的互动，促进和谐友爱的班级氛围生成，让集体更多一些黏性。

📖 案例分享

远方的你是我最美的牵挂

在更早几年之前，还没有微信、腾讯会议和钉钉，那时候的联络更多的是靠电话、QQ和电子邮箱。回想当时跨越国界的陪伴，还是被师生间的那份真诚的爱，被孩子那种主动求学的精神感动着。

那年四年级期末，小A的家长忧心忡忡地找到我："再有两年我就要从日本调回国内上班，我想让孩子利用现在的条件，这学期来日本体验一下日本的文化，但是我又担心孩子的数学……"对于这位母亲的话，我深表理解，哪一位母亲不愿意孩子有更好更广阔的发展空间呢？可孩子的学习怎么办呢？日本教材和中国完全不同。作为四年级的小学生，自制力、自我管理能力还未完全形成，完全不到校上学，还要按时参加考试，怎么可能呢？我开始绞尽脑汁思考接下来我能做些什么。

开始的几周，我们通过电话教学。小小电话线连着我和小A，每天电话一报号000×××××××，我会马上停下手中的事，坐在电话机旁；周末的晚6点至7点，我家的电话只许打入不许打出，因为我知道电话那头，有一个学生正在热切地期盼着与我交流。学习新知识，解答问题。

渐渐地，我发现，电话虽然能解决一些问题，但有一定局限性。孩子对新课内容的掌握，我只能通过听她说了解一二，作业情况、知识点掌握情况都无从得知。这时候，我想到了网络，通过互联网，发送电子邮件。每单元的重难点、重点习题，我都会通过E-mail传递给她，她有什么问题也通过E-mail传递给我。她发过来作业，我批改后回复，一来一往方便快捷。

教学的问题解决了，新的问题又出现了，"老师，我快要崩溃了，在这里，我的朋友很少，我想同学们！"几行文字让我仿佛看到了远在他乡的那个孤寂的小女孩。哪个孩子不渴望同伴的友谊？哪个孩子不希望生活在熟悉的环境之中？

我通过电子邮件鼓励她，既然走出去，就要坚持到底，再苦再累也要挺住。同时，我利用网络中的校友录，架起了她与老师和同学们交流沟通的桥梁。

每逢周末，我们约好网络上见面，聊学习、聊生活、聊孩子们感兴趣的话题。网络，架起了42颗心沟通的桥梁，国内的同学增长了见识，国外的孩子体会到了师生的关爱，所有的孩子及家长又从中更深地理解了"爱"和"友情"，看着孩子们网络上聊得热火朝天，听到家长远在日本打来国际长途，用颤抖的声音说"谢谢您，老师！"我的内心充满了幸福。一个学期没有到校上课的小A，在日本仅仅靠着电话线和电子邮箱，较好地完成了学业任务，得到了"优"的成绩，多么不容易啊！

【案例分析】随着信息技术的飞速发展,现在的交流方式可谓多种多样,语音电话、视频通话、视频会议等,跨越时空的教育教学有了信息技术做载体,变得更便捷,更多元。苏霍姆林斯基曾经说过:"我一生中最主要的东西是什么呢?我会毫不犹豫地回答:热爱儿童。"爱教育、爱学生是我们必备的道德素养。每一位教师,在信息化时代,充分利用信息化技术手段,用"爱"为孩子们撑起一片天,可以让我们更好地做到全员育人。

第三章
转危为机"不急躁"
——学习育人智慧

可以说，从我们选择教师这一职业那天起，就注定会面临各种挑战。因为无论是学生、家长，还是教育教学活动，都是动态的，有一定的不可预见性。尤其小学班主任，作为班级管理、学生管理的第一责任人，所有事情都需要班主任去落实、解决。学生犯错误，同伴闹矛盾，家校沟通，来自学生、家长、同事、领导或社会舆论的监督，这些都是我们工作中的常态，因此作为新班主任，或多或少都经历过迷茫、委屈、手足无措的阶段。坦然面对、智慧处理，甚至让特殊事件转危为机，将是我们职业生涯的必修课。

人们常说，"危机"既是机会也是挑战。突发事件也是如此，其中蕴含着很多教育契机。如何应对突发事件，使其成为教育契机呢？

一、学会倾听

小学生中的突发事件，大多是同伴纠纷。我们知道时，也许事情早已发生，所以看到的不一定是事情原本的模样。作为班主任，面对突发状况，应该养成多听、多看、多调查的习惯。在倾听共情中，走近学生，了解真相；在处理问题过程中，和学生共同成长。相反，就事论事、简单粗暴处理之后，容易产生新矛盾，严重的还会引发家校矛盾，或造成学生的心理问题。

学生情绪失控，是班级管理中会遇到的突发状况。但每一次情绪失控背后，通常有不为人知的故事。人们常说，"一个巴掌拍不响"，道理就在于此。

通常遇到学生情绪失控的情况，教师要先安抚，暂缓处理。

（1）一个动作（轻轻拍一拍肩膀）+一句话：老师知道你遇到了一些问题，稍稍冷静一下，给我时间，我一定会尽力帮助你。

（2）一句温馨提示+一个微笑：情绪失控时，最容易伤人伤己，帮助学生冷静下来，寻找更好的解决办法。

（3）一个信赖的朋友+暂时离开：当学生情绪失控时，可以请当事人最好的朋友，在确保安全的情况下，带着他暂时离开。帮助当事人尽快平复，使其对其他学生的影响降到最低。

（4）求助同事或年级主任+分头行动：当问题极为严重，涉及学生的安全和健康问题时，班主任必须做到无条件优先处理。请小干部求助同事或年级主任，帮助管理其他学生，第一时间和情绪失控者进行沟通、安抚，必要时联系家长，协同解决。

安抚之后，在安静的空间、平和的心境下，开始解决情绪失控问题。通常，班主任要先倾听，倾听问题背后的故事，让真实发声。切忌就事论事，与情绪失控者发生正面冲突，这样非但不利于解决问题，反而会造成现场失控、无法收场的后果。

倾听的方法，可以是情景还原法，让冲突的双方述说。诉说过程中，班主任不急于发表意见，而是在双方的陈述中，让他们自己发现问题的症结。双方僵持不下时，班主任可以适当介入，将双方争议点再细化，让双方在倾听教师复述中，发现问题，或者让双方换位思考，促进自省。这个时候，切忌硬碰硬，激化矛盾。

倾听是一种情绪的疏导，也是一种智慧的激发。倾听可以是面对面述说、轻轻的安抚，也可以用创作故事的形式。当学生之间发生矛盾或学生情绪失控时，可以让他们写一写事情的缘由以及自己的想法，通过反思，找到较好的解决办法。班主任是倾听者，也是读者，听懂学生内心的声音，读懂文字背后的心理需求，再有的放矢地解决问题，有效促进学生的成长。

📖 案例分享

一次意外的创作

那天，小常成为了同学们投诉的焦点：大闹语文课、和同学打架、摔同伴的作业本。说实话，诸多的投诉真让我有点"头大"，但为什么小常会情绪失控，只是简单的恶作剧吗？在没有调查之前，我没有轻举妄动。我要求小常写出事情的原委：

> 昨天上语文课的时候，我从椅子上摔下来了，全班同学哄堂大笑。王××不但笑我还骂我，说我自作自受，我非常生气，就摔了王××的写字本，周老师说我很暴力。今天下课时，我打算送夏夏一个生日礼物，我和小妮说了，但小妮和夏夏说：那只是一个破本罢了。我本想等吃完蛋糕送给她，小妮现在就告诉了她，我好恼火，开始摔小妮的铅笔盒。按照班规，我写下这篇创作，我再也不发脾气了。

第一稿的反思，我没有点头通过，写下评语："全是别人错了，自己没有反思的内容吗？"

随后小常又添加了一段："要是我坐得稳当会掉下来吗？该干啥就干啥同学会说我吗？要是别人笑话我，我不发脾气老师还会批评我吗？"

我的第二次评语是："两次恼火两次发脾气，同学的大笑让你的'暴力'表现非常充分，谢谢你的创作。"很显然，小常的修改，让故事变得更完整清晰，大家也了解了小常情绪失控的真实原因。

接下来，我针对这篇故事创作召开临时班会。涉事的两个孩子惭愧地低下了头，同学们也对小常的友爱报以热烈的掌声，但也提出中肯的建议：正确的时间做正确的事就不会引来嘲笑，同时暴力不解决任何问题。我则在黑板上写下一个等式：友爱＋涵养＝赏心悦目。小常的脸红了，她已经意识到了自己的错误。

> **【案例分析】**事情过去很久了,但是每次想到孩子们的创作反思,都会更加坚定我的信念——倾听学生。通过让学生创作故事,他们学习了怎么辨是与非、善与恶,学习了遇到麻烦怎么处理,没有批评指责,只有智慧的引领。小常的"暴力行为"有目共睹,但是她内心真实的声音也需要认真倾听,遇到问题不能只看到问题的表面。

倾听孩子的心声,读懂孩子内心深处的各种感受,是有效沟通必不可少的一个环节,也是真正引领学生健康成长的重要保障。倾听会让学生在正确表达中,明辨是非善恶,学会处理问题的办法。倾听,让学生感受到被尊重。不明真相就一味指责或简单说教,往往会适得其反。

对于学生之间的冲突和矛盾,"各打五十大板"的做法并不合适,"为什么他只打你不打别人""苍蝇不叮无缝的蛋"这类批评更不可取,盲目的责备不仅不利于解决问题,甚至可能导致学生出现心理问题。在有明确对错的原则性问题上,"和稀泥"的做法会对学生的是非观和班级的整体风气造成消极影响,此时必须要明确底线,强调原则。

在小学阶段,学生间的很多纠纷往往由一点琐事引起,矛盾双方都是从自己的角度出发,采取了不当的处理方式,进而引发了冲突,一般不涉及原则问题。遇到这种情况时,我们需要合理引导学生反思自身问题,站在对方的角度上进行思考,反思在冲突情境下有没有更优的解决方式。这样的反思并不是所谓的"受害者有罪论",而是帮助学生形成正确归因观,学会多视角、多维度看待问题。同时也要注意,老师不是法官,是非对错、情绪、情感,都是我们应当关注的方面。张弛有度、刚柔并济,理性与感性并存,方显德育的智慧。

二、学会等待

班级出现贪小便宜、拿别人的东西、撒谎等不良行为,是最令班主任头痛的事情。这类事情怎样处理?我的感受就是学会理解,学会等待。

每个人都会有好奇心，尤其是小孩子。拿别人的东西，不是孩子的道德品质有什么问题，而纯粹是出于好奇、贪玩。所以遇到这类事情，不要急于给学生贴标签，也没必要小题大做，更不能弄得满城风雨。学生幼小的心灵需要保护，孩子还处于成长的初始阶段，并未定型。

但是，对于不良行为以及不良行为习惯的出现，班主任必须及时处理，绝不可以听之任之、熟视无睹，否则会错过最好的教育契机，导致孩子形成错误的道德认知，还有可能让孩子因为心存侥幸最终酿成大祸。

作为班主任，要善于观察，智慧引领，把小错误消灭在萌芽状态。班级舆论、自我教育等，都会让孩子们在一次次经历、体验中受到正确引导，达成纠正不良行为的效果。

案例分享

文明、开心回来了！

课间是孩子们最开心的时刻，玩拼图、猜字、手指游戏，孩子们乐此不疲。为了让孩子们在游戏的同时，处理好学习与玩的矛盾，我和孩子们约法三章：做完做好自己的事情，才可以玩玩具；爱惜每个玩具，不私自收藏，同时，游戏中要互相谦让；提前两分钟收好玩具，准备下一节课。

一天，学生突然来报告："老师，我们的小汽车和小磁棒不知被谁拿走了。"玩具的主人不高兴地噘起了嘴。当时我很吃惊。原本以为二年级的小孩子不会有私藏玩具的胆量，谁想玩心太盛的孩子们还是禁不住玩具的诱惑。

我想，如果大发雷霆只能让小孩子心生胆怯，达不到教育目的；草率地给小孩子扣上贪小便宜或者偷东西的帽子，更不是教师应有的行为。怎么让丢失的玩具乖乖回到玩具角，同时不伤害孩子幼小的心灵呢？我绞尽脑汁。

沉默了一会儿之后，我宣布了一条临时决定："文明课间出现了不文明的行为，我们需要暂时停止文明课间活动，等找回文明之后，我们再继续活动。"孩子们沮丧地低下了头。及时叫停课间活动，表明了班主任对丢东西一事的态度，也是对不文明行为的一种警示。

有几个孩子开始揭发："老师，×××和×××玩的时候被老师没收了。""老师，我看见×××位子上总有我们的玩具。"任由孩子们这样揭发下去，对拿玩具的孩子来讲，自尊心会受到伤害，因此我及时做了一个暂停的手势，说道："我知道大家都不会有意把班里的玩具据为己有的，物虽小，不私藏，苟私藏，亲心伤。物品再小，也不能据为己有，因为它属于班级，不属于个人。如果我们无意中忘了将玩具送回原处，其他同学再想玩的时候，就没有了。而且老师、家长知道了我们私自收藏班级的玩具，也会伤心的。既然每个人都知道这个道理，老师相信我们班都是聪明孩子，不会做糊涂事情。只是一时忘了送还，对吗？"孩子们沉默了，有几个孩子开始低下了头。

我知道简短的几句话，已经触动了几个当事人，只是他们还缺少在众人面前承认错误的勇气。及时制止相互揭发，保护了他们的自尊心，为自我唤醒提供可能。"我一会儿也会给家长发一个消息：看一看我们的小书包里面是不是多了不属于我们的东西……"我趁机又加一把火，断了孩子把东西带回家的念头。教室里安静极了。

"当众承认自己的无意识行为，一定会不好意思，没关系，老师从你们的脸上、眼睛里已经看到了诚实，老师相信下课后你们会悄悄地走到老师的面前，告诉我玩具的去向，文明很快还会被找回来的，对吗？"我用期待的眼神看着每一个同学。我知道胆子小的同学已经开始思考将物品归还，我能做的就是提供一个台阶，一个机会。

果然，下课后，两个孩子悄悄地走到我面前，告诉我玩具不小心拿回了家里，忘了带回来，周一一定拿回来。我高兴地拥抱了他们，肯定了他们的诚实和勇气，并答应为他们保密。但是还有两辆小汽车不知去向。

我向家长发起寻物倡议,希望得到家长的支持与帮助,但是反应不大。怎么办?丢失的玩具不找回来,无法向玩具的主人交代,同学的课间活动会受到影响,而且长此以往,二年级的孩子养成私自拿别人东西的习惯,怎么行?因此,我决定进一步调查此事。周一,我们继续暂停文明课间活动,并利用班会时间,开展"文明、开心你快回来"的即兴讨论。文明、开心去了哪儿?我们怎样找回来?还有哪些方面能体现出文明?

有孩子动情地说:"文明、开心被极个别的同学赶跑了,私自拿班里的东西是不对的,有错误不承认更是错上加错。"

"二(4)班丢了文明,我们的课间做什么?文明、开心快回来吧!"

"班里的文明课间因为你一时糊涂,暂停了,大家没有了课间的快乐,你快乐吗?玩小汽车的时候,心里会踏实吗?一个人影响一个班,你会快乐吗?"

别看孩子们年龄不大,讲起道理来头头是道。接下来我们又从不同方面分析了文明的具体表现,孩子们领悟到:文明在每个人身上、每一件事都有体现,我们要找回文明,留住文明。

周二中午,孩子们欣喜地跑过来,"老师,文明真的回来了,小汽车回来了!"我知道班级舆论以及孩子的自我教育达到了预期效果,他们战胜了自己,勇敢地选择了诚实之路,为了不让更多的人知道他们的错误行为,他们选择了悄悄将玩具送回的办法,从而帮助全班找回文明课间活动,也为自己找回文明。我为他们的成长感到欣慰。

【案例分析】面对丢东西问题,我们可以坚持"三不"原则。

● 不急于找到事实真相,让事件成为教育的素材。先让学生自我检查,相互看一看有没有放错地方,这是教师人为制造"混乱",让丢

> 失的物品"有机会"回归；给家长发个短信，断绝学生心存侥幸的后路，促成自我行为矫正；及时组织班会讨论，通过班级舆论的及时引领，让事故变成故事，避免类似事情再次发生。
>
> - 不贴标签，"偷"字不要挂嘴边。一旦给学生贴上"偷"字标签，形成"负强化"，也是对学生的一种伤害。
>
> - 不算后账，持续关注类似情况。几次破案之后，"偷"东西行为基本消失。没有狂风暴雨般的批评，没有小题大做、兴师动众，只有智慧等待，及时引领。

教育不是万能的，偷东西行为不可能通过一次教育行为就可以完全制止。但是在反复抓、抓反复中，让学生感受到文明是一种细节的体现，是人格的明信片。学生集体通过查字典，了解"偷"和"贪"的本意，用笔划去两个字，是从内心赶除不良行为及其心理的一个正强化。带有小小仪式感的"摘字"过程，可以让学生记忆更加深刻，久而久之，丢东西事件会越来越少，当然遇到顽劣不改的特例，要一追到底，绝不含糊。

三、学会控制自我

人们常说：童言无忌。小学生说的话应该是最真实的情绪表达。当然有时候，小小年纪，说出的话也极具"杀伤力"："我要打12345投诉你，因为你对我太凶了！""我讨厌你总跟我过不去"……更有甚者，有些学生会在评教评学中，故意给教师打低分表达自己的不满。但一段时间过后，他们又会自我修正。作为班主任，有时候难免暗自伤心，"我们付出那么多，孩子们怎么会这样呢？现在的孩子怎么了？"

面对学生的不理解，面对家长的不配合，有时候老师也难免情绪失控，说出不理智的话，办出不理智的事。但一时的不理智，事后需要用几倍的付出来"买单"。因此，作为班主任，理智地控制情绪，调整情绪，保护学生的同时，更是自我保护。

我非常赞赏一句话，"学校是允许学生犯错误的地方"。遇到问题，还是牢记"倾听、共情、走近、引领、改变"五部曲，不带情绪解决学生问题，悦纳"童言无忌"，优化解决方案。

首先，客观看待自身的教师角色，理性、专业地面对问题。可以暂时离开、深呼吸、视线转移等，这些都是情绪控制的有效办法。

其次，追根溯源：为什么会出现这种情况？我有没有做法欠妥的地方？是沟通出了问题，还是方法有待商榷？如果是学生出了问题，"没关系，他是孩子，我们慢慢来"；如果是家长出了问题，"我们没有义务教育家长，尽力而为就好，用孩子的改变为自己代言！"如果是自己出了问题，设想后果会怎样，哪些方法可以弥补。

再次，真诚面对，智慧解决。"真诚"是一把万能钥匙，以"爱"为基础，真诚面对，让"事故"变成"故事"。

最后，积极沟通，巧妙化解矛盾。当家校关系出现问题时，积极沟通，避免和家长正面冲突，"相信我们一定可以有效解决，我们坐下来沟通好吗？"见面三分情，避免纸上谈兵。文字在不同的语境，不同的人阅读，会有不同的效果，理解不当，还容易成为"误解"的证据。师生之间出现僵局的时候，巧妙避开，给彼此留有余地，冷静下来再处理，会很快"拨开云雾"。

📖 案例分享

"老师不好！"

听久了孩子们对老师的赞美，尤其是一年级孩子，对老师充满了崇拜与尊敬，所以，第一次听到"老师不好"的异样声音，而且出自一个刚会简单记录成长记录册的孩子，我很意外。

家长充分考虑到我的感受，生怕我会因此而不快，更怕我会因此而心存顾虑不敢再管孩子。他的爷爷——一个很有威望的退休老教师，凌晨一点真诚为我写来一封信。妈妈也是忐忑不安地在记事本上给我写下了大段文字。爷爷写道："我所了解的班主任郝老师，工作很积极负责、能力是很强的。孩子这么不公正的直白的评价，郝老师会有何种反应呢，生气？灰心？我像心疼女儿那样怕她受到伤害。"

家长的理解与配合令我感动不已。孩子擦了又写、写了又擦，最终还故意清晰地留给我最初写过的痕迹，让我的心久久不能平静。我仿佛看到了无奈又无辜的孩子。童言无忌，孩子说了真心话，为啥要经受如此痛苦的思想斗争，最终屈服于家长呢？

在和家长交流中才知道，一天上课时，一位同学因为上课做小动作，屡次提醒无效，我没收了他的尺子。在这之前，这位同学恰巧也经历过这样的事情。小家伙茫然不解，回家后问爸爸，老师这样做好不好？爸爸未加多想就随口说："没收东西是犯法的。"

"犯法的老师"令孩子失望到了极点，怎么能让一个犯法的老师教我呢？回家后就失望地在成长记录册上写了"老师不好"四个字。真该感谢这四个字，不然我们怎么能了解一个孩子的真实想法呢？

作为成人，有些时候需要隐藏自己的真实想法，但天真无邪的孩子，会毫无顾忌地说出自己的真实感受，这就是童年的样子。

后来，我在班会上大力表扬了这名同学的真实表达，并解释了没收尺子的行为是为了阻止当时学生继续做小动作，影响听课。放学的时候，我已经把尺子还给了当事人。最后向学生保证：郝老师一定是一个知法守法的老师，请大家继续考察。如果遇到想不通的现象，一定及时找老师沟通，也许问题没有想象的那么糟糕。要相信沟通的力量。

【案例分析】作为班主任，面对异样的声音，面对异常的举动，保持心态平和显得尤为重要。切不可带着情绪解决问题，因为很多时候，事情并不是我们想的那样。

面对孩子们的童言无忌，面对孩子们成长中的各种问题，教师需要学会控制情绪，学会换位思考。让学生在各种体验中成长，让他们在各种历练中成才，是我们的职责所在。跳出情绪，平和对待，感念学生勇于发出真实声音，是帮助我们积极面对问题的良好的心理建设。

四、巧用纠纷案例引领成长

同伴交往问题，是低年级学生常见的容易引起纠纷的问题。一块橡皮、一个不经意的碰撞，都会引来一场纠纷。但是他们又渴望同伴交往，好朋友在一起，说说悄悄话、做点小动作、玩玩游戏，都是幸福的。小学生在一起产生纠纷容易，解决纠纷也很容易，也许过一个课间，或过一个夜晚，原本闹矛盾的几个人又玩耍在一起。因此在学生遇到同伴交往问题时，我们不要过多干涉，"高压政策"是教育的大忌。换种方式，走进孩子的内心世界，帮他读懂自己，超越自己，学会同伴交往的智慧，学会解决问题的策略，才是教育的意义。

> **案例分享**
>
> ### 我该怎样结交好朋友？
>
> 体育课上，小 A 几次轻轻地拽拽小 B 的衣角，小嘴嘟囔了两下，没出声，小 B 冲他摆摆手，示意他上课别说话，小 A 只好悻悻地放手。自由活动时间，小 A 又来找小 B，"你为什么不和我说话呢？是不是因为不喜欢我？"小 A 怯怯地问。"上课说话，该挨批了，怎么能和你说话呢？"小 B 说完，又和别的小朋友玩耍起来。
>
> 小 A 还是把他拉到一边，"我让你打我两下，你是不是会很开心，然后就跟我玩了？"小 A 试图讨好小 B。小 B 不相信自己的耳朵，"真的？""真的！"小 A 点点头。一记耳光"啪"地落在了小 A 的脸上，小 A 愣住了。随着体育老师的哨声，孩子们又恢复了平静。

回到班上，两个人什么也没说。次日晚上，小A妈妈忧心忡忡地找到家长委员会的负责人，"第一，孩子是不是很讨人嫌，上课无视老师的纪律，随便找别人说话；第二，为了取悦别的小朋友，不惜让别人打自己，是不是有心理问题？第三，孩子是不是性格太懦弱了，以后怎么办？"家长委员会负责人连夜向我反映了这件事。接到这个电话，我为小A取悦别人而放弃自尊的行为难过，也为小B随便的一记耳光而难过，更不解的是七八岁的孩子为什么如此对待小朋友。

来到学校，我分别找来两个当事人，经调查发现，事情和家长说的完全吻合。我告诉小A："每个人都希望有好朋友，你想交好朋友的愿望没有错，只是有可能没有搞清楚别人为什么不和你说话，就采用了错误的表达方式，自己都不爱自己，怎么让别人去爱你呢？不该用主动请求挨打来换取别人的认可。"对小B，我也没有半句责备，只是告诉他，"小A在挨了打之后，在家长面前还在维护你，不愿意让妈妈来责难你，他一直在说，是我不该上课找他说话，是我让他打我的，不怪他。"我动情地为小B讲述着小A的点滴做法，看着小B的眼里充满了泪花，我想他应该是有羞愧、有后悔吧。小B主动找小A承认了错误，并表示愿意和他成为好朋友。

接下来我告诉他们：不会和小朋友交往，不知道该怎样表达自己想法的小朋友不只他们，所以我想利用班会时间组织大家讨论，到底该如何和同学交往，如何找到好朋友。请他们做现场表演，二人欣然接受。

班会课上，我先借用一些名人名言以及小朋友熟悉的歌谣《找朋友》让孩子们知道每个人都渴望交朋友，每个人也都会珍惜朋友。接下来现场调查：谁希望找到自己的好朋友？（100%的学生举起手），谁找到了好朋友？（70%左右）

我又问：为什么有的人至今还没有找到好朋友呢？（孩子们沉默了，陷入思考）

接下来请小A和小B表演《我想和你成为好朋友》。孩子们兴奋极了，他们喜欢现场表演的方式，更喜欢表演他们真实的生活。但是性格内向的小A却怎么也不敢表达自己的想法，小脸憋得通红，也没说出一个字。孩子们一再催促，他还是只字不说。我随即问道："猜一猜，小A为什么不说话？""老师，他怕遭到拒绝！"小A摇头。"老师，他胆子小，不敢表达！"再看小A，拼命地点头，表示同意。

"遇到这样的同学想和我们成为好朋友，又不敢表达，我们应该怎么办？"

孩子们七嘴八舌地说开了，"有什么想法你就大声说出来，要不人家怎么会知道你要做什么呢？""你怕什么呢？同意了更高兴，不同意也无所谓，还有那么多同学也能成为朋友呢！""既然他不敢表达，小B应该主动点，给他勇气！"……小B果真主动走到小A跟前，"你想和我说什么？说吧，没关系！""我想和你成为好朋友！"憋了很久的话小A终于说出来了，教室里响起热烈的掌声。

"孩子们，在我们身边经常有这样的同学，不经意间冲你大喊一声，或者动你一下；有的同学没有跟你说什么话，却总喜欢看看你；还有的同学在你做游戏时，总想上前捣捣乱，你知道为什么吗？其实他是在向你传递一种信息，想和你一起玩，或者想和你成为好朋友，只是他们选择了错误的表达方式，令人生厌。我们又该怎么办呢？"在一个个对"怎么办"的讨论、一个个情景表演中，孩子们渐渐懂得了如何表达自己的交友愿望，以及如何在交友的同时，尊重别人。之后，好几个同学都兴奋地找到我，高兴地说："老师，我主动找了×××，他答应和我做好朋友了啦！""老师，原来主动说出自己的想法没有那么难呀！"

看着孩子们的兴奋劲儿，我的心里多少有一些安慰。关于"朋友"的主题班会才刚刚开始，引导孩子树立健康向上的友谊观，教会学生友好地与同伴相处，是低年级班主任必修的课程，远不是一节班会能解决的。

【案例分析】低年级学生的同伴交往能力与学生的性格、情感体验密切相关。作为班主任，一定要有足够的细心和耐心，去洞察孩子交往中发生的各种问题，及时给予引导。在这个案例中，没有"坏孩子"，也没有矫情的家长，所有人都是善良的。班主任在解决问题时，要避免简单说教，要循循善诱，引导学生一起探讨朋辈交友这一话题，让学生在交流讨论中学会与人交往，学会解决问题。

五、处理突发事件，做好家校沟通

和家长沟通，是班主任日常工作的重要组成部分，越是低年级学生家长，对学生的关注越具体。当孩子与同伴发生纠纷时，家长经常是站在自己孩子的角度看待问题。有时候，甚至用成人的处理方式，解决孩子之间的纠纷问题。殊不知，孩子之间的不愉快眨眼就成为了过去式。因此，作为班主任，要学会和家长沟通，妥善处理相关问题，避免矛盾升级。

和家长沟通，要言之有人，言之有物，沟通中有故事呈现，解决中有策略引领，切不可泛泛而谈，仅凭主观臆断。沟通中要注意以下几点：

（1）用故事做素材，全方位呈现孩子的视角。

（2）以孩子的成长为底色，一切从有利于孩子成长的角度出发沟通。

（3）沟通中不带情绪，不指责、不推诿，让家长感受到我们的真诚和我们对孩子的关爱。

（4）学会利用故事做引领，让一些问题消灭在萌芽状态。

📖 案例分享

跆拳道事件

那天正赶上我在小饭桌值班。我把孩子们带到操场，讲清安全注意事项之后，孩子们便开始自由活动。我一边巡视孩子们的活动状况，一边和主任商量有关下周活动项目及如何组织。忽然两个孩子的举动让我倒吸一口凉气：一个小女孩坐在草坪上，用手护着自己的身体，一个大个子男孩则不止一次抬腿踢小女孩，还不时伸手揪扯小女孩的脖子。我快步赶过去，一把将两人拉开。没有按捺住心头的怒火，没有以往的和颜悦色，对孩子大吼起来。

经过仔细询问才知道：两个孩子都学了跆拳道，操场上的"厮打"，是两个人连续两天的约定，厮打中各有胜负。两个人并没有意识到问题的严重性，男孩为自己辩解："互相踢打是我们约好的跆拳道比武，而且她也打我了呀！"问他错在什么地方，老师为什么发脾气时，小男孩只是轻描淡写地说了句："可能是因为我出手太重了吧。"

思品课上，我让孩子们针对此事讨论，孩子们也只是说，"大男生打小女生，太没风度了！""打架是不礼貌的"，没有一个同学意识到这是严重的安全隐患。再想想入学一周以来所看到的种种场景，排队时你推我挤、课间爬到窗台上、藏到老师的电教柜门下面等，不禁感叹：孩子们心中的安全意识真的是少之又少，安全教育不容忽视！

下周我们将正式开始户外活动，学校会开设很多游戏项目，转手帕、踢毽子、跳棋、飞行器、跳皮筋等。学生按照自己的喜好选择游戏项目，两个年级20个教学班，共有几百名学生，老师不可能照顾到每一个孩子，安全问题会是个大问题，但我们不能因为怕出状况，而停止孩子们的户外活动，家长们也不愿意把孩子整天圈在教室里死读书。所以，作为学校，必须加强管理，采取相应的措施，保证孩子们的安全，同时，作为家长，对孩子进行安全教育也是必不可少的功课。

约见家长时，我将整件事原原本本地呈现出来，引领家长站在孩子的视角，看待孩子之间发生的故事，避免家长盲目贴上不恰当的标签。另一方面，安全无小事，以点带面，引领家长对安全教育达成共识。

"昨天听孩子说了要和小朋友玩跆拳道，我没在意。"孩子和家长分享了自己在学校的一个生活片段，家长听后却没有注意到其中隐藏的问题。家长对孩子的教育是潜移默化的，错过了时机，有可能带来不可预料的后果，比如在孩子说了和同学玩跆拳道的想法之后，家长可以及时引导，"跆拳道是用来强身健体和防身的，不能作为攻击别人的手段，这是危险活动"，再给孩子讲讲可能的后果。

在与孩子们的交流中，我还了解到"不知道玩什么"是孩子们的共性问题。除了电子产品、动画片、各种玩具之外，孩子们的户外活动又有多少呢？想想我们小时候那些活动：跳皮筋、踢毽子、跳房子、翻绳、折纸等，现在的孩子们经历过多少呢？我们又教会孩子哪些游戏项目呢？我们陪孩子们玩的时候，经常做的又是什么呢？满足孩子的物质需求很常见，也不难，但精神层面的需求我们关注到了吗？

【案例分析】"跆拳道事件"很快风平浪静，但现在回想起来，好像解决的也并不十分完美。两个跆拳道好友切磋技艺无可厚非，肢体接触也是动作允许范围之内，而我们的过度保护意识，让事件一开始就被定性为"不安全"，不明真相的旁人也会盲目议论，甚至上升到校园欺凌。其实，我们要做的是让他们明白"大"动作可能会带来的危害，以及找到更合适的切磋技艺的场所。作为班主任，及时将完整的事件过程分享给同学、家长，也是引导大家客观看待孩子之间交往的小插曲。

在学校，学生在同伴交往过程中，遇到磕磕碰碰、打打闹闹是再正常不过的事情，但有时候由于沟通不畅、解决不得当，经常会被家长上升为"欺凌"事件。因此，作为班主任，在客观、公正、及时解决问题的同时，及时与家长有效沟通，也是避免家校矛盾的一个方法。用案例发声，也有效避免了班主任的说教。用孩子的行为、语言，解释突发的状况，更真实，更让人容易接受。

六、学会放低身段

陶行知先生曾经说过,"我听见了就忘记了,我看见了就记住了,我做过了就理解了",这句话深刻阐述了学生的认知规律,以及亲身体验的重要性。因此,作为班主任,更要成为以身示范的引路人,让孩子们通过"看"形成正确认知,通过"做",强化行为习惯的养成。教师如果学会放低身段,做学生平等中的首席,更容易让以身示范落到实处。每一次板书、每一次批改作业、每一堂课,我们的一举一动都是在进行直观的以身示范,都会给学生潜移默化的影响。

比如,"认真"二字是老师和家长经常挂在嘴边的好习惯,学生也经常给自己的错误归因,"我太马虎了,不认真造成丢分"。怎样做是认真?我们该如何给孩子讲解呢?

(1)教师认真地讲课、板书,精心制作幻灯片课件,批改作业无错误,解决问题有智慧,学生都会看在眼里,记在心里。

(2)课堂上表扬"认真"的作业,点评到位,"好在什么地方?";同时,感谢学生的错误,"他的错误带给我们怎样的警示?"

(3)鼓励性评价,让"认真"成为一种赞美和倡导。

> **案例分享**
>
> ### 39 号试卷
>
> 临近期末,怎样让孩子们期末阶段在掌握知识的基础上有所提高?怎样弥补以往检测中不细致的坏习惯?我苦思冥想。
>
> 今天检测第七单元《加减法3》,大数计算、混合运算的难度加大,应用问题数量关系日渐复杂,概念题的难度也是集整册知识点为一体。如果不细致,将失去练习的价值。

我突发奇想：我作为39号同学，和大家一起做卷子！目的是进一步教会学生如何跟着老师的读题节奏完成试卷；如何在解题中，圈题眼、找数量关系；如何运用解题策略，解决较灵活的数学问题；在和老师一起完成试卷的过程中学会静心，树立"只要认真对待，我一定能行！"的自信心。

讲评试卷时，我首先拿出39号试卷，发出倡议。"谁有兴趣来看看39号考生的答卷？看看我们的答卷有哪些共同点？"

孩子们纷纷拿着自己的答卷和我比对，"老师，我这几道填空题也列了算式！"

"老师，我也圈了这几个字！"

"老师，排队这道题我还画了图呢！"小涵整齐的图示着实让我吃了一惊，而后我大力表扬了大家的细致和认真态度。

"后面的题目，39号考生将和你们一起完成，看看我们还有哪些相同点。"

在和孩子们分享试卷之后，我们继续一起完成剩余部分的习题。孩子们明显受到39号试卷的启发，在答题习惯上开始高度重视。

晚上在批阅试卷时我发现，孩子们的试卷无论从书写、正确率，还是从习惯或能力方面，和以前相比，都有不同程度的变化。尽管也有几个孩子的试卷不尽如人意，但是丝毫未影响我兴奋的心情，因为和孩子们一起做考生而兴奋；因为39号的加入，给其他38人带来的变化而兴奋；更因为看到孩子们的进步而兴奋。

虽然批改试卷是件麻烦事，工作量比较大，但是我却难以控制和孩子交流的欲望，拿起笔在卷面上开始和孩子对话了，"有进步，再加油！""进步很大，老师为你坚持的进步而高兴！再加油，小伙子！""你对书写满意吗？希望丢掉的5分卷面分，能够让你明白些什么！"看到漂亮的答卷，我随笔写下了"书写真漂亮！"看到好的解题策略画个星、画个笑脸，写上"我喜欢！"。一个平时比较聪明的孩子居然在卷面上写下了"我是笨蛋！"他的考试成绩也确实不大令人满意。我提笔写下了"开始质疑自己了？是笨还是'静'出了问题？凡事就怕用心二字，世上无难事，只怕有心人！"最后的落款：39号考生。

【案例分析】"认真"是具体的行为，但在学生心目中却是空泛的。老师、家长，包括学生自己，经常挂在嘴边的一句话就是"认真点""别马虎"，但怎样做就是认真，怎样做可以避免马虎现象呢？班主任喊破嗓子，不如做出样子。39号考生的加入是一种尝试，是老师和学生的一种互动，是一种示范，更是一种无形的力量，让学生由"让我做"变为"我要做"。

第四章
创设和谐班级"不说教"
——从接班开始

作为新班主任，面对新的班集体，会有美好的期许，也会有很多的顾虑。期许能经过一段时间的努力，打造出积极向上的班级；顾虑的是不知道即将出现在我们面前的是几十个怎样的学生，学生背后是怎样的家庭。在第一次与学生见面之前构想了很多，但在实际工作中却发现构想难以落地，一时间迷失了方向：问题出在哪里？我该怎样调整？

心怀期许是动力满满，必要的顾虑是未雨绸缪，将二者有效结合，把顾虑转化为动力，把理念和行动相结合，就可以达成班主任的育人目标。小学阶段，学生阶梯性发展目标有哪些，每个学年德育点是什么；不同年级学生的特点是什么，怎样根据学生的年龄特征，设计班级活动；每个学期重点工作有哪些，每个月、每一天我要做什么，将这些问题都厘清之后，班主任工作就会少几分焦躁，多一些淡定。

一、幼小衔接，如何尽快创设和谐班级

幼小衔接是每个孩子都要面临的重要成长过程。从"小朋友"到"小学生"，学生经历了很多变化。从熟悉的叔叔、阿姨、小伙伴，到陌生的老师、同学和班级；从事事有人照顾，到独立面对校园生活；从自由活泼的幼儿园，到行为举止讲规范的学校，孩子们的人际关系、日常活动、面对的环境都发生了巨大的改变，由此必然会经历一段时间的心理不适应期。孩子的自我意识、集体意识、任务意识、规则意识都需要班主任通过有效的措施，帮助建立起来。让学生尽快适应新的环境，是每一位一年级教师的核心任务。

（一）入学适应期，班主任怎样开展班级工作

在入学适应期内，班主任的班级工作应该包括如下几个方面：

第一，让陌生变得熟悉，帮助学生认识自己、认识他人、认识环境。

认识自己，主要是有独立的自我意识，知道"我"是谁，"我"该做什么；认识他人，则是认识新的老师、同学和朋友，知道"我"和谁在一起；认识环境，是指熟悉校园、班级和教室环境，熟悉新环境下的新规则。

在适应期内，孩子可能会出现一些混乱的情况，此时教师需要做的是保持冷静。面对刚入学的孩子生气着急是没有意义的，因为这个阶段的孩子甚至还不知道"我为什么要来上学？为什么要遵守规则？"与其生气或说教，不如保持冷静，设置趣味化活动，以孩子能够接受的方式学习规则，养成行为规范。

第二，童趣化管理，让规则自动生成。

一直以为学校是教师教书育人、学生学做人学做事的场所，但是育英学校党委书记、全国特级教师于会祥，在一次全体教师会上简单的诠释，让我更深层次理解了学校的功能——"学校是学生向往、教师幸福的地方！"

怎样让孩子在入学第一天就喜欢学校？孩子们是活泼可爱的，就用生动有趣的方式吸引他们，让学生心甘情愿地变"要我做"为"我要做"，促进好习惯的养成。

1. 趣味迎新仪式

设计别开生面的迎新仪式——"闯关"活动，让孩子们在"闯关"中明确小学生的基本礼仪。

第一关，芝麻开门。"大声向老师鞠躬问好，你就顺利地穿过了第一关。"好奇心强、富有挑战欲望的孩子们看到题目，很自然就知道了：进校门要主动问好。

第二关，获取寻宝路线。实际上就是让孩子们在花名册中找到自己的班级和所在位置。孩子们拿着自己的寻宝路线，兴高采烈地拉着家长的手很快

来到教室门前。

第三关，身份验证。在教室门口摆上多彩的水粉盆，让孩子们在白纸上印上自己的小手印。

第四关，和家长、老师合影留念。"亲亲一家人"就这样在闯关活动中相聚在一起，一切都是那样的亲切、自然。

精心准备的闯关活动，让学生对学校少了陌生感，多了新鲜感和亲近感。入学第一天，教师还可以为每个学生准备一份精美的礼物，比如小手腕上套一个小手链、系一根红丝带、贴一个小笑脸，当孩子拿到属于自己班级的标志，他的归属感会渐渐产生。

2. 趣味教育活动

（1）情景剧表演，让学生在表演中感受好习惯。

小学低年级，习惯养成是重中之重。因此入学第一周，不急于讲课，除了带着孩子认识校园之外，还要把校园生活以情景剧的形式呈献给学生，进校门要问好，课堂上不乱跑，下课先去洗手间，回来喝水做准备……学生在喜闻乐见的表演形式里，进一步学习了规则意识，习惯在潜移默化中加强。

（2）参观校园的评比栏，树立班级意识。

通过参观，孩子们很快就明白班级是一个集体，各班之间有评比。比卫生、比文明、比轻声慢步，"我们班也要得第一"，这种班级意识不是班主任强加给孩子们的，是他们通过参观校园、自己发现并思考得出来的认知。

带着学生在二年级的门前走过，看哥哥姐姐们认真倾听的样子，听他们大胆发言的声音，看红领巾先锋岗站在楼道口，孩子们的心里自然就明白了小榜样就是这个样子，"我也要像他们一样"，从而产生成长的内驱力。

（3）儿歌导行促习惯养成。

由于学生的年龄小，大段的文字、枯燥的道理都很难变成有意识的行为，所以可以将习惯编成儿歌或者顺口溜，《上学歌》《值日歌》《上课歌》《下课铃声响》《放学歌》等，童趣化的语言，学生记起来方便、做起来简单。

（4）鼓励与批评的艺术。

刚入学不久的小学生难免经常犯错，大声斥责只能让他们无所适从。因此当教师看到孩子的不良行为时，不妨换种方式进行童趣化提醒。例如，坐姿儿歌中唱道"坐着要像大白鹅，挺胸抬头看前方，不要学那小青虾，弯腰驼背丑死啦"，看到学生坐姿出现问题，马上提醒："谁像大白鹅？谁像小青虾，我们快来找一找！"再如，好动、爱说的学生，无论是坐着听讲还是排队走路，都很难保持安静专注。教师提醒："几只毛毛虫，几个大嘴巴悄悄跟着我们，在谁身上？我们快快扔掉它！"当老师故作着急状，发出这个指令时，几个说话或者乱动的孩子马上捂着小嘴巴，还用力做出往外扔的样子，嘴巴闭紧了，小腰板自然也就挺起来了。

人们常说好孩子是夸出来的，小学生更是如此。他们喜欢被老师和同伴认可，更希望得到别人的表扬。教师简单的一句"你真了不起！"都会让孩子兴奋许久。因此，教师多种方式的评价，也是促进习惯养成的重要方法。在常人眼里，一张小贴画算不得什么，更不会把它贴在脑门上去炫耀，但是孩子们不同，在他们眼里，小贴画、小印章意味着老师的肯定，那是他炫耀的资本，更是他努力的收获。

《第56号教室的奇迹》的作者，美国最佳教师雷夫曾经指出：学生的规则是一种必然，为了获得奖励而获得某种物质刺激，获得的教育效果是短暂的。因此，在物质奖励的同时，如果较好地利用精神层面的鼓励，他的内驱力将会得到激发。

入学第一个月，我会利用各种方式，每天进行小榜样发布，让家长、孩子了解学校生活的同时，晒晒学生的好习惯。某方面习惯表现最突出的，他的照片一定会第一时间在"班级故事"中与大家见面，他的表现也会通过各种信息化媒体传递给每个家长。

"明天的新闻人物会是谁？你会不会成为新闻人物？我们加油！"家长和孩子一起读"班级故事"成为班级的一道和谐的风景线，既调动了孩子要养成好习惯的积极性，又满足了家长迫切想了解孩子入学生活的愿望。

每个学生都希望得到别人的夸奖。刚入学的孩子对教师的夸赞，更是充满了渴望。老师笑一笑、摸摸学生的小脑瓜都会让学生兴奋不已。适度的肢体语言评价，有时候也可以有事半功倍的效果。

——你的发言声音真洪亮，而且说话特别完整，我们握握手！老师的手有一种魔力，可以给你更多的自信，你还能做得更好！

——你不只能认真倾听别人的发言，还敢于提出自己的不同见解，真了不起，来个拥抱吧！

——真不敢相信你每天坚持自觉晨读，已经整整一个星期了，站到椅子上，我们来个大大的拥抱！

——小姑娘，老师真的为你的进步而骄傲，原来不抓紧时间，每次考试都写不完，如今都写完了，而且写对了，92分不容易，站到桌子上，我要把进步的你抱得高高的！"

用不同的肢体语言传递赞美和鼓励，让学生的好习惯在同伴面前成为一种荣耀，更让好习惯成为一种氛围。

3. 趣味班级管理

低年级学生的习惯养成毕竟只是初始阶段，稍不留神就会有所松懈，乱丢纸屑、教室里追跑的现象还是时有发生，大声的责骂、严厉的批评有时候会令六七岁的孩子无所适从。我坚信：好习惯不是喊出来的，变换一种语气更容易让低年级的学生接受。

看到老师在屏幕上打出"教室在哭泣，我们怎么办？"学生们自然对教室为什么哭泣，怎样做就能让教室破涕为笑，进行思考。在思考的基础上进行讨论，通过拟人化的引导培养了学生保护环境的规则意识和从"我"做起的良好习惯。

教师可以用不同的形式记录学生的成长，帮助家长了解学校生活，了解自己的孩子。

记录学生成长，对于班主任来讲，无疑大大增加了工作量。但对于入学适应期的孩子来说，用不同形式记录他们的点滴变化，对学生和班级的成长,可以说是事半功倍。

把"小朋友"到"小学生"的变化直观地记录下来,传递给学生,有助于让他们在脑海中初步形成"成长"的概念,原来我这样做了,就是长大了的;传递给家长,可以更直观地帮助家长看到:原来我的孩子可以这样改变,我们的班主任真的在尽心尽力对待我们的孩子。

记录的形式可以是教师随笔散记,可以是学生用自己喜欢的方式记录班级故事,可以是照片分享,也可以是班级故事墙。越直观越有效果,越容易和家长建立彼此信赖的协作关系。

(二)巧妙利用"初相识",在和谐中创建班级

新生入学,也是建班伊始。班主任有效利用和家长、学生的"初相识",是拉开班级和谐序幕的良好时机。班主任要认真对待,并精心设计好"初相识"的全过程。第一次家长会、第一次和学生见面、第一次突发状况处理,都会让"初相识"的故事感拉满。

通常,新生入学总会有个别同学不适应,哭闹着不肯进教室;家长送孩子进教室的过程中,也会有不同的表现,其中也会有小细节值得我们注意。作为班主任,在迎接孩子和家长的同时,巧妙利用这些素材,让它成为"初相识"的"引子",可以有效拉近老师和学生、老师和家长之间的距离。

> 📖 **案例分享**
>
> ### 第一次家长会
>
> 师:每位家长都深爱着自己的孩子,您把孩子送到我手上的那一刻,有挂念、有担忧;孩子们懵懂的小眼神,有好奇、有期待。放心吧,我接过孩子,就接过了责任。我们有着共同的希望,希望孩子们在学校度过快乐时光,拥有健康向上的健全人格。如何让孩子们顺利度过幼小衔接,如何让孩子们在和谐向上的集体中找寻快乐有意义的童年时

光,等等,将成为我们今天第一次家长会热议的话题。希望家长会能够和我们快乐手拉手,一起走上陪伴孩子的和谐之路。

接下来就以"共圆和谐梦"为主题,设计如下活动:

活动一:亲亲一家人,快乐大比拼

操作方法:自动生成6人小组,选出组长;用最具特色的语言介绍自己是×××的家长,以及孩子的相关信息。让同组家长在滚雪球式的描述中,以最短的时间记住最多的小朋友;分小组展示,记忆最多、最完整的小组获胜。

设计意图:以团建的活动方式介绍孩子,打消彼此间的陌生与拘谨,创设快乐和谐的氛围。从孩子们进入班级的这一天起,五年的小学校园生活都将在一起,家长也会因为孩子们结缘,组成班级大家庭。家长毕竟是成人,很快会完成初步融合,再把这份融合在第一天就传递给孩子,可以有效帮助孩子在情感上融入新班级。

活动二:和谐大家谈

操作方法:以小组为单位,用关键词或者其他自己喜欢的形式,写出期待孩子健康成长的和谐构成元素,班级分享。

设计意图:快乐共同体的临时组建,让大家对新集体很快达成共识。快乐学习、快乐生活、快乐游戏、快乐合作,是当时生成的主题词。同时和谐需要全员参与、付出,和谐需要规则作保障,和谐需要教师引领。家长认同教师的理念,成为教师的合作者,家校携手的氛围在和谐、轻松的互动中形成。

活动三:分享和谐观

操作方法:教师根据现场的生成,将家长的分享简单提炼,结合新生入学要求进行必要的宣讲。分享幻灯片《态度》,将家长会升华到理性的心灵触碰。给家长布置作业,和孩子分享家长会上记住的新朋友,分享开家长会的感受。

结束语:孩子是您的,学生是我的,共同的目标让我们有缘携手在一起，接过孩子的手，我就接过了责任，请相信我有信心也有能力带好他们，给他们健康向上、快乐、有意义的童年生活！

【案例分析】第一次家长会，是班主任向家长发放的第一张明信片。班主任是否有亲和力，是否有让人信服的带班理念，是否真爱学生，家长一看便知。在活动中达成的共识，更贴近年轻家长的认知特点。在没有建立关系的时候，下达命令、提要求、布置任务式家长会，效果会大打折扣。建立和谐的家校关系，可以为家校协同教育奠定坚实的基础。

第一天家长会后，正式见学生。可以利用一开始进班时发生的小故事，快速和学生融在一起，和谐的师生关系会在"初相识"中建立。

案例分享

师生初相识

我笑着对全班孩子们说："老师非常高兴每一位小朋友此时都安静地坐在自己的位子上，尤其是安静下来的小琪同学，静静地坐在位子上，真漂亮！"我看了看小琪，她也在看着我。"我要给她一个大大的拥抱。能够战胜自己，和大家一起安静地坐在这儿就是进步。"随后我走过去紧紧地把小琪抱在怀里，小琪腼腆地笑了，笑得格外动人。

"我们每天进步一点点，你开心，老师、爸爸妈妈都开心，掌声送给她，也送给我们自己！"我面向全体同学发出由衷的赞美和希望。

第一天的悦纳与赞美，消除了学生对新环境的陌生感，让学生对老师产生了亲近感。

"从今天开始，每个人都是2班家族的成员，我们每天生活在一起。我们组成了新的家庭，我们拥有共同的名字——一年级2班"。孩子们也跟着我异口同声地喊出班级名称，那一刻，"一年级2班"已经钻进了孩子的心里。

"大家胸前的学号，就是我们在学校的学号，你们的储物柜就是按照学号来分配的。快去看一看，在你的储物柜里，老师为你准备了什么礼物。"

孩子们按照顺序走到小柜子前面，打开一看，一袋彩色的海绵宝宝就藏在里面，他们开心极了。共同的班级、属于自己的班级学号和小柜子、特殊的礼物，每个人都感受到别样的存在感和意外的惊喜。

"拿回家去，在水里泡一会儿之后，再观察，看看海绵宝宝有什么变化，明天再来和大家分享。"

第二天，让孩子们介绍入学第一天结识了哪几位朋友，想对大家说什么。同时让孩子们一起为和谐学校、和谐班级画像。"快乐学习、快乐生活、快乐合作、快乐中有规则。"孩子们对快乐的定义和家长们不谋而合。尤其是和谐需要规则做保障，和谐不等于任性这一点，在老师的解读下，孩子们达成了共识。最后师生一起形成小二班的口号，"快乐一二一，快乐争第一"，并制定出班规。

【案例分析】 神秘礼物＋特殊的作业，让孩子们入学的第一天开开心心，感受到了学校生活的乐趣，班级、教室、老师成为他们的一种期待。而且在和学生的沟通交流中，适合自己班情的班规也应运而生。

（三）幼小衔接常见的几个"怎么办"

万事开头难。一年级的孩子入学之前，对校园生活充满向往，对自我成长也充满了自豪。但是几天之后，学校生活的新鲜感慢慢减退，一部分孩子开始找各种借口不想去上学，是什么原因呢？

一是环境变了，要求多了。原本熟悉的幼儿园生活一下子不见了，亲如妈妈的幼儿园老师，换成了走马灯似的各科任教师；原本固定的生活空间，换成各种学科的科任教室；原来除了吃就是玩，每天中午还能舒舒服服睡一觉的悠闲生活，如今到了学校，上课必须坐得直直的，还不能随便讲话、随便走动，连上厕所都只能是下课去，各种规范让孩子们感觉像是被束缚住了。

二是生活内容变了，爱的感觉淡了。原本每天的主要任务是吃和玩，老师很少批评，更没有作业，如今每天主要任务是学习，要写很多东西，稍不注意，违反规定，老师还要批评；同伴之间会比较，自尊心受到了挑战；爸爸妈妈对自己的爱好像少了，每天和自己较劲，要求写作业、听录音、读课外书；老师也没有原来那么和颜悦色了……

太多的改变让一部分孩子招架不住了，想尽办法让老师跟家长取得联系，把自己接回去，有的孩子虽然坚持上课，但是以泪洗面，熬到放学。每一届一年级新生在"十一"小长假之后，就会病倒几个，因为他们实在不适应。

如何帮助学生尽快完成幼小衔接，让孩子们真正喜欢上校园生活呢？

人们常说"舍得"二字，在学生的行为习惯养成方面同样需要"舍"，"舍"的是教育过程，"得"的是养成行为。以下分享我和孩子们在开学伊始的几个小故事，几个"怎么办"的方法就在小故事里。

1. 孩子哭哭啼啼想回家怎么办？

开学半个多月了，小涵的眼里还经常含着泪花，"老师，我不想吃饭，我恶心，头疼，您给我妈妈打个电话吧！"这句话几乎从开学第一天，就一直伴随着他。尤其到吃饭的时候，小家伙更是泪眼汪汪，做呕吐状。

最初我还真以为小家伙难受，几次带他去校医室检查，校医都说问题不大。可对他"难受要回家"的诉求不闻不问，又怕真的有问题耽误了孩子。

所以最初几次，我都是及时和家长联系，家长接到电话也非常担心，心急火燎地请假到学校。可是每次去医院检查，都没有任何问题，而且孩子回到家里玩得特别开心，一点难受都看不出来。家长为此急得愁眉苦脸，"老师，孩子上学时间不长，我请假太多了，单位领导都不乐意了。孩子没事，就是不想上学。您让他挺一挺就过去了。"很显然，孩子存在新生入学的不适应。

刚开学的一段时间，这种新生入学的焦虑和不适应在很多孩子身上都有不同程度的表现，如果不加以及时引导，很容易形成心理问题。

（1）和孩子做朋友，给孩子安全感。

虽然刚开学有很多事务性工作，总是忙得焦头烂额，但是作为班主任，为了帮助孩子们尽快适应，我们要尽可能抽出时间多陪伴孩子，走近孩子。拉拉孩子的小手，摸摸孩子的头，指着壁报上的照片，和孩子们一起认识新朋友。渐渐的，孩子们经常会口误喊老师为妈妈或者阿姨，因为他们在教师的陪伴中，感受到妈妈般的亲切，感受到了接纳。

（2）教学中的小游戏，让陌生变成熟悉。

游戏是孩子们的最爱，班主任利用晨午检时间，设计一些情景游戏，说说我自己、认识新朋友、猜猜他是谁等。游戏帮助学生很快由陌生变得熟悉。每次一年级接班不久，我都会在黑板上画心，一个小的心里面写着小小的"我"。里面装入所有的同学和老师，装入班里的事、学校的事，装的内容越来越多，小小的心自然就变成了一个大大的心。孩子们通过形象直观的图示，理解了不能再自寻烦恼，心里只装着不开心，就会让自己越来越不开心，装的人多了、事多了，自然就开心了。

（3）让鼓励与赞美成为孩子的助力，顺利完成过渡。

针对孩子们在学校的表现，我会拿着放大镜观察孩子的点滴变化，随时向家长发捷报，分享孩子成长的点点滴滴。家校配合，很快孩子们由最初的不适应，过渡到喜欢学校，喜欢老师，喜欢同学。

2.学生不会排队怎么办？

孩子们刚刚入学，脑子里没有纪律意识，一个个独立的小个体组成一个新的集体，怎样培养他们良好的行为习惯，的确让我费了一番脑筋。尤其是每天上操排队别提多困难了。孩子们有的找不到自己的位置，有的推推搡搡，有的听到排队的指令无动于衷，还有的边排队边说话……当你严肃地批评他时，他会无辜地看着你，过一会儿照旧。

细细想来，孩子们排队慢，做不到快、静、齐，有些是客观原因导致的。刚入学时间不久，彼此都不认识，要做到快速找准自己的排队位置不容易；此外，在前门排队，有多媒体操作平台挡在教室中间，35个孩子要排成直直的一队，做到不拥挤也不容易。还有主观原因就是刚入学的小朋友自制力差。找到原因后就可以"对症下药"了。

（1）解决人为因素造成的困难。

首先解决地方小、拥挤的问题。找一个空间稍大的地方排队，固定排队的地点。对学生彼此不熟悉的问题，利用晨午检时间或其他空闲时间，让学生彼此熟悉，比如小组之间握握手，邻居之间拥抱一下，记住同学的特征。多种形式的强化记忆，帮助他们记住前后左右的小伙伴，尽快找到自己的相对位置。

（2）音乐调控暂时缓解混乱。

刚入学的学生没有作息时间的概念，也记不住每个铃声是干什么的，每次都靠老师提醒也不是办法。我们可以找到孩子们喜欢的音乐，例如樱桃小丸子的一首歌《稍息立正请站好》，音乐响起，孩子们便知道该排队了。条件反射训练也是一种方法，可以利用多媒体软件，倒计时、噪音测试器等，让学生在多次训练中学会排队。

（3）道法课成为班级管理的有效渠道。

道法课《校园铃声》《和钟表交朋友》，也可以有效帮助学生明白什么时间该做什么事情。知道校园铃声的作用，就可以听铃声做事情；和钟表做朋友，就会看钟表上的时间调控自己的行为。结合道法课内容，进行童趣化训练，"×××，快点排队吧，我们再等你就会迟到了！""×××，快一点好吗？回来再喝水没关系的，我们要是再晚一点就会造成交通大堵塞了！"低年级的孩子可塑性极强，很多时候他们的错误都是一种无意行为，用他们喜闻乐见的教育方式告诉他们该怎样做会事半功倍。

（4）表扬与及时提醒相结合，让排队成为一种习惯。

多种方法解决排队问题收到了一定效果，但是由于孩子年龄小，自制力差，问题出现反复也是难免的。为了减少反复，我们把表扬与督促提醒相结合，通过寻找"队列中的美"树立身边的榜样，通过提醒督促个别学生，减少个别学生的反复。反复抓、抓反复，一段时间训练之后，学生不会排队的问题就解决了。

3. 遇到顽皮学生怎么办？

每班都会有顽皮学生，他们的顽劣行为令班主任头痛不已。声嘶力竭的批评、和风细雨的教育、请家长等，都是教师通常采用的教育方式。

实践表明，教师的大声斥责对学生而言，只能是一时的惧怕和威慑。教师过于严厉，则会让学生惧怕，也会给师生关系、家校关系带来一定的麻烦。我们如果换一种心态去看待小孩子的顽劣行为，也许会多一些理解，多一些见证童趣的快乐。用童趣化的教育方式去解决学生问题，问题也会迎刃而解。

苏霍姆林斯基在《给教师的一百条建议》中写道："请记住：没有也不可能有抽象的学生。"每位学生都是形象丰富的鲜明个体，走进鲜活的个体，了解他们的丰富多彩，我们会发现，丰富的表象背后，蕴藏着许多有力的教育时机，智慧的教育火花也会由此诞生。

针对顽劣成性的小正正，我发明出一种"起绰号教育法"，而且小声在他耳边叫"新名字"，这个方法居然奏效，我想是因为童趣化的关注吧。

> **案例分享**
>
> **一次恶作剧，多了一种教育机智**
>
> 那一周，小正正的顽劣表现有所抬头。别人扫地他成心捣乱；空空的小手故意攥得很紧，逗得另外一个小男生哇哇大叫，"老师，他拿我东西！"等我让他张开小手，他却开心大笑，"老师，什么也没有！"他的顽劣让我哭笑不得。但是一次次"恶作剧"，却让我找到了教育的突破口。显然他是个爱开玩笑、喜欢幽默的孩子。当幽默遇上幽默，教

育也会巧妙发生。

我几次在门外巡视孩子们上课的情况，都看见小正正歪着身子、无精打采地鼓捣东西，根本没有认真听课。我把他拉到跟前，悄声说，"我觉得你该改个名字。"他好奇地看着我。"李——歪——歪"我故意放慢速度，一字一字轻声说完后，我先笑了。他看到我笑了，知道我没有恶意，也跟着笑了，"老师，我妈妈的小名叫歪歪。"我大笑起来。"那我还真不知道，只知道你上课，身体是歪的，和你的名字不相符，所以就想到给你改名字了。"

"老师，我不叫李歪歪，我叫李正正。"

"那就用你的坐姿告诉我你叫什么吧，光说不算。"我顺势说道。没想到一句玩笑话，居然让他的行为有所收敛。上操时附在他耳边悄悄说"李歪歪""李动动""李慢慢"，每一个称呼中一定暗示了他的不适当的行为，用一个荒唐的名字，作为我对他的一种善意提示，孩子也乐于接受。因为他知道老师关注到了他的行为。我随时更改他的名字，每一次他都认真地矫正，我们两个相视而笑。他和妈妈分享我们的每一次"悄悄话"，妈妈也是大笑不已。

【案例分析】人们常说，一把钥匙开一把锁。对待学生的教育方式多种多样，但是不论哪种方式，必须是学生乐于接受的。起绰号表面看来似有不尊重学生之嫌，但附在耳边的"悄悄话"，却让它多了一份默契，少了一份敌对，让师生之间多了一种亲近，多了一种心领神会。被学生认可的、促进孩子改变的教育应该就是成功的教育。

没有一种教育方法是万能的，没有一条教育之路是永恒的，只要遵循学生的成长规律，坚持不断地在实践中去摸索，在尝试中去反思，一定会找到顽劣学生的应对办法。

4.家长和孩子的成长不同步,怎么办?

新生入学,完全脱离幼儿园保姆式的喂养状态。引领孩子逐渐从"小朋友"到"小学生",需要一个过程,在这个过程中,单纯依靠学校力量是远远不够的,因此,在帮助学生完成幼小过渡的同时,需要拉起家长的手,和孩子一起成长在路上。

班主任在第一次家长会上,可以给家长提出助力建议,从打造家庭学习空间、培养孩子独立做事的习惯和能力等方面入手,列出清单,帮助家长在力所能及的范围内做出调整,也有利于缓解家长的焦虑情绪,帮助孩子进步。

入学必备清单(供参考)

第一,打造一个让孩子静心学习的环境。

由于学前孩子年龄小,很多孩子都还跟父母住在一间屋子里。如今孩子上学了,不管是不是单独入睡,都需要一间单独的卧室,有自己的书柜、衣柜、小床,在这间小屋子里,孩子读书、学习,自己整理房间,整理书柜、衣柜。看似简单的家务劳动,正是培养孩子劳动技能的有效手段,更是培养孩子责任意识、自我管理意识的大好时机。

即使家庭条件不具备,没有单独的房间给孩子,也要留出一张书桌、一把椅子的小空间,那里属于孩子,由孩子自由支配。

低年级学生适合读一些绘本类书籍,有拼音、有汉字、有插图,图文并茂,孩子们非常喜欢。除了老师推荐的书目,还可以根据孩子的兴趣、爱好,买些孩子喜欢的书。开卷有益,阅读可以开阔视野、陶冶情操,有助于培养想象力、表达能力、思维能力。孩子在阅读中能体验丰富的情感,在亲子阅读中亲子关系会变得更加美好。

第二,一张规划表、一个小闹钟:教会孩子守时高效,规划管理。

上学以后的作息时间和幼儿园相比,发生了明显的变化。孩子正处于身体发育阶段,有规律的生活可以促进良好习惯的养成,更有利于孩子的生长发育。因此家长应该和孩子商量,"上学以后我们的事情慢慢变多了，为了防止遗忘什么，我们一同把要做的事情梳理一下，定个作息时间表"。

这个作息时间表要科学统筹，便于操作，更重要的是符合孩子的特点，劳逸结合，脑力劳动和体力劳动相结合。小闹钟配合落实作息时间，坚持一段时间之后，孩子会养成守时的好习惯，家长管理孩子也会有章可循。

第三，一个记录板：让孩子用表情或者自己喜欢的表达方式表达情感。

记录情感表达，是一种分享，也是一种宣泄。看到孩子画的笑脸，分享一下孩子的开心与快乐，看到孩子画的是悲伤、难过，问一句"我怎么可以帮助你？"记录板会让孩子幼小的心灵得到及时的呵护，还可以让亲子关系更和谐。

第四，一个小水壶、一卷手纸或一包纸巾、一块抹布。

坐下来之前先擦一擦桌面，简单整理；离开书桌之前，小抹布再擦一擦。养成良好的清洁习惯，更重要的是养成了做事有条理的习惯。每天让孩子自己准备日常用品，养成习惯。

第五，教会孩子一些必备的生活技能，让孩子多一份从容。

知道家人的手机号码（有急事能够迅速取得联系）；具有安全意识，学会自我保护（比如知道哪些地方不能去，哪些事情不该做）；鼓励大胆表达，学会和人交流（有事情学会独立解决，解决不了，要及时向老师、同伴求助）；加强自我管理，提高生活技能（比如整理书包，收拾学具，看课程表，独立穿脱衣服，独立上卫生间）。特别提醒，刚入学的小朋友，容易丢铅笔、橡皮等学习用具，在每个学具和生活用品上写好姓名，可以有效解决丢失物品的问题。

二、中途接班的"特殊班级"管理策略

作为小学班主任，有的是从一年级开始带，有的是中途接班。如果遇到中途接班，尤其是接到特殊班级，怎么办呢？

特殊班级，与其他班级相比较而言，一定有不同的"特色"。有可能特殊学生较多，有可能行为习惯较差，也有可能家校关系比较棘手。不管是哪种"特殊"，都需要班主任用智慧经营。

再调皮的孩子也有柔软、向好的天性。曾经有一位学生很感慨地说过一句话让我至今记忆犹新，"老师，谁不想好啊！"尊重天性，找到"特殊"的症结，通过有效唤醒，能让学生产生成长内驱力。

曾经的拾贝班，过山车似的三年特殊体验，是我班主任生涯中最特殊的经历，如今成为一笔财富，成为我最美丽的回忆。这个班两年换了四任班主任，到我这儿，三年级接班，是第五任。什么是集体？什么是责任担当？对于这些孩子来讲，真的是意识淡薄。如何将38个个性鲜明的个体融为一个集体，我绞尽脑汁，整个过程可谓历尽艰辛。

孩子们笑称我是"猴王"，他们是顽皮的"小猴子"。下面分享我和"小猴子"们"斗智斗勇"的片段，看看"小猴子们"被"降服"的始末，希望能为中途接班或者接"乱"班的班主任提供一些参考。

（一）建立集体观念

案例分享

让人崩溃的冷漠

那天中午，经历了"小猴子"骑着墩布满屋跑，挥着抹布到处擦的"大战"之后，教室总算打扫干净了。谁知其他"猴子们"一回来，没过一会儿教室地上就掉了很多小纸屑。恰巧，年级抽查卫生，眼瞅着检查员一次又一次举起"罪证"，我快崩溃了，而孩子们却若无其事地谈笑风生，什么班集体，什么评比，对他们来讲不值一提。

我生气地说："你们让我见证了什么叫冷漠，面对检查员一次又一次找到小纸片，你们做了什么？难道集体在你们心目中真的不重要吗？哪怕低头看一看自己的脚底下，一个细小的动作，都有'集体'两个字在你心里呀！"

学生看我发脾气，有的无动于衷，有的低下了头。回想一开始接班时，布置壁报全班孩子竟然找不出一张像样的奖状，再看看学生现在的样子，我知道，"集体"是班级发展的灵魂，当集体被学生忽视的时候，规则意识、进取精神自然也会随之变淡。特殊班级的"特殊"之处也就不难理解了。

指责不是办法，说狠话不是最终目的，唤醒集体意识应该是班级发展的首要任务。

"小学五年，是人生中很重要的一段经历，我们会留下怎样的记忆？我曾经是班上最调皮的学生？我们班是全校闻名的乱班？我很自豪？有这种想法的同学举举手？"孩子们大眼瞪小眼，谁也没有表态，只是低下了头。

"相信每位同学都希望自己的班级真正优秀到全校闻名，但每个人静静地想一想，优秀的班级是什么样子？我能为优秀做点什么？"我继续发问。唤醒同学的意识，如同播下一粒粒种子，意识清醒了，行动才会有改变。

手印约定找集体

"集体是什么？虽然看不见，但是它就藏在点滴的小事之中。我们采用最简单的方式找集体，你找到的，一定是你能想到、做到的行为，看看我们能找出多少条。每个人画出自己的手印，每个手指代表一个爱集体的小行为。全班同学的手印汇在一起，就会形成我们心中最完美的集体。"

"小猴子们"结合自己的观察和班级存在的问题，认真地描画着自己的小手，在手指上写着自己心中的集体。不一会儿，不重复的内容找到40多处，孩子们兴奋不已。

将每个小手印贴在一起，提炼共同的要素，班规就自然生成了。孩子们开心得不得了。不用背诵，班规已经在头脑中被牢牢记住了。

小调皮解救行动

几个小调皮顽劣成性，虽然有了手印约定，但他们很快就因为控制不住自己的行为而被禁足了。

午间休息，我让几个小调皮再画一只手印，抓"元凶"：是什么让我们禁足两周，不能快乐午间？找到问题才能解救自己！不写名字，只画手印找原因，想解救办法。同学们可以根据小调皮的点滴进步，进行"营救"。

童趣的管理方式，让孩子们对被营救充满期待，对自己的行为有了少许约束意识。同伴根据小调皮们描述的"元凶"，猜手印，进行诚信"营救"行动。小天佑第一个被解救。其他小调皮看到了希望，想尽办法提醒自己遵守班规。

盛灏为了实现不给班级惹麻烦的约定，主动提出："老师，我的主要问题就是路队、课堂纪律和快乐午间，每次要是有人提醒我、管着我，我一定能改。"

那天，小朱同学突然问我一个问题：担当和"居委会大妈"有什么区别？我说：居委会大妈管的都是小区里别人家的各种事情，担当是指主动承担班级中别人想不到或者忽视的、对班级有意义的事情。小家伙满意地走了。接下来爱管闲事的小朱开始变了。自觉晨读，路队安静有序。我私下问他，为什么会有这么大变化？他认真地说："不想再做居委会大妈，总看着别的同学干什么，不如自己做好，免得给自己或班级惹麻烦。"因此，小朱成为我出面解救的第一人。

看到小调皮的队伍越来越小，同学们都在为集体的进步喝彩，为成长而喝彩。也有小调皮难过地哭了："我也想改变，可是真的很难！"我连呼："哭得好！早就期待你能发自内心的哭一场，哭过之后就是改变！加油吧，争取下一个解救的就是你！"

"手印约定""解救行动"，让"集体"在每个同学心中生根发芽。小调皮少了，爱集体的多了。每周五，我会在班级群中发布最新消息，表扬找到集体、自觉遵守规则的同学，家长们也行动起来，"儿子，今天看到了你的名字，妈妈为你的变化感到高兴。""儿子啊，榜样发布两批了，咋还没有你，什么情况？"家校协同教育，班集体悄然发生了变化。

第一批找到集体的孩子：值日生忘了做值日，餐管没有收餐垫，她们主动擦拭，主动卷起。集体就是家，家里的事，人人要主动做。

第二批找到集体的孩子：每天主动晨读，做好自己。集体有规则，每一个集体成员必须遵守规则。

手印约定找集体、定期发布找到集体的学生名单，这些直观、生动的活动终于有了效果：学生的心静了，行动有了方向，集体在更多的人心中悄悄绽放，班级更美了！

梓含在快乐日记中写道："没想到一个星期的'找集体行动'这么有意思，原来集体有那么多的含义，集体看得见摸得着！"

【案例分析】特殊班级，特殊之处各有不同，但是作为班主任，在不同中抓本质，是带好班的重要切入点。这里所说的"本质"即集体。集体不是空泛的，它是丰富的、直观的，可以通过具体的行动解读其含义。小手印上每一个细小的行为都是集体的构成要素，通过学生的自我勾画、互相交流，提炼出本班的"集体"蓝图，也就是班级制度的雏形。画手印、解救小调皮等活动符合小学生的年龄特征，变"要我做"为"我要做"是集体改变的重要路径。

（二）特殊学生可以改变

小马是一个情商极高但自制力极差的小男生。妈妈是位教师，工作辛苦，也为孩子的顽劣操碎了心。我和小马约定，用实际行动爱妈妈，给妈妈减负。同时和小马妈妈约定：每天妈妈或者家里其他人，给孩子写好三封爱的小信签，让孩子在不同时间段，用较好的行为控制，赢得读信的机会。为了孩子的改变，妈妈非常配合。每天三封信准时带到学校，每一封都让人充满期待。读妈妈的信，是小马的期待，也是我的享受。在小信签的爱的感召下，小马确实在改变。

家庭教育需要坚持，学生成长需要坚持，成功更需要坚持。我想，索性让小马和妈妈的坚持，成为教育素材，作为小马成长的见证，在班会上分享，主持人就是小马！

小马兴奋极了，没想到自己这只顽皮的"小猴子"，可以成为班会的主持人。那天《小马说坚持》的班会开得格外成功。三分钟的互动小游戏，精彩的动画片欣赏，有情趣的主题曲演唱，让孩子们懂得了：坚持可以让人变得优秀。孩子们从坚持的重要性、坚持的方法、坚持的内涵等不同角度理解和感悟坚持。孩子们说，要坚持进步的状态，保持睡醒的雄狮的士气。

最后小马特意安排了提问环节，让我说一说为什么要坚持。我说："只有坚持，才能让我们感受成功，感受成长。但坚持的过程中会遇到阻碍，最大的阻碍就是自己！只要咬咬牙挺过去，一定会感受成功的幸福！"

（三）用善良的心理解学生的特殊行为

在日常管理中，学生犯各种错误，出现各种突发状况，都是再正常不过的事情。作为班主任，要有一颗平常心去对待学生出现的各种问题，更要有一颗善良的心去解读学生的行为。

周三中午，班主任开会。临出门，看到小马和盛灏在整理散乱的餐具，倍感欣慰。开会回来，学生捧着一把刷得干干净净的勺子告状："老师，小马他们又惹祸了，把勺子扔在厕所水池子边上，被主任抓到了。"

先让他们把餐具送回食堂，没想到不一会儿主任就来找我了："食堂周主任给学部主任发来图片，让教育孩子收好餐具，学部主任又转发到各年级主任群，让层层落实！"看来这个祸惹大了。

赶紧叫来当事者听听他们怎么说。

"老师，我们算了一笔账，每个班按30把勺子计算，四个校区，工人师傅要刷6000多把，多辛苦啊！我们想为工人师傅分担一下，自己刷完我们自己班的。可是等我们刷完勺子送回来的时候，一看教室卫生还没做完，又怕检查卫生扣分，所以就接着做值日，忘了勺子的事儿！"听着孩子的解释，看着他们认真的表情，暗自庆幸我没有发火，多么善良的小男生，虽然没有考虑周全，引起误会，但毕竟是善良的种子在萌芽，担当的意识在增强。

随后我告诉他们：善良友爱之心值得点赞，但学校对饮食卫生是非常重视的，餐具需要高温消毒之后才可以使用。善良的行为需要发生在理性的思考之后。

两个孩子很快意识到问题的严重性，主动找相关领导澄清事实，并赔礼道歉。回到班里，我再次表扬了他们的善良之心，并借此事件，对全班同学进行相关教育。

"洗勺子"事件只是一个很小的故事，但却给我的班主任工作带来很大启示。对待所谓特殊学生，在其改变的过程中教师的言行要特别慎重，切忌先入为主。遇到一些突发事件，即便可能面临着来自领导和外部的压力，也要冷静下来问清事实，否则，不分青红皂白地批评，很可能会打击学生改变的积极性，伤害学生的心灵。

因此，再大的事先别急于下结论，多听多看，再解决，也许得到的结果和我们想象的不一样，尤其批评同学之前，一定慎重、慎重、再慎重！

（四）发挥学生潜能，让学生在自主管理中成长

学生是班级的主人，尤其"小猴子们"，更喜欢做点事情。他们有过剩的精力，也有做事的热情。让他们做班级活动的策划者和执行人，会让他们的能量释放，聪明尽显。因此，家长会上说什么、怎么说，我让"小猴子们"自己去设计。

孩子们自发成立家长会筹备小组，自己做调研：家长最困惑的问题是什么？孩子们最不喜欢的教育方式有哪些？家长认为学生磨蹭是最主要的问题，不会自主管理。孩子们便再次在学生中调研：多少人磨蹭？为什么磨

蹭？磨蹭的解决策略……真是人小鬼大，不能小觑。

两次调研，让问题集中了，矛盾凸显出来。他们用数据说话，再将调研结果用情景剧表演的形式，呈现给家长和学生。他们在唤醒同伴主动成长的同时，也唤醒家长科学管理孩子的意识。

后来的家长会现场，充满正能量，充满浓浓爱意。尤其是最后设计的小鸡变凤凰互动活动体验，更让所有参会者懂得：每个人都在努力，每个人都没有停止成为凤凰的脚步。努力、坚持是实现梦想的必经之路，不必过于在意结果，努力的过程就是一种成长。

"小猴子们"在策划家长会的过程中，看到了自己的能力，也感受到被尊重和被认可，更体验到成功带给自己的一种从未有过的快乐，他们开始改变。

（五）真情融入学生，师生同台演绎精彩

红五月歌咏比赛，是班级之间的大型活动分享，是孩子们欢乐的海洋。而每年五月，我也会被学生安排，和他们一起站在歌咏比赛的舞台上，演绎属于我们拾贝班的故事，歌唱属于我们自己的歌。

三年级歌咏比赛时，师生同台演绎一首《游子吟》，我和孩子们相拥在一起，拉开我们彼此接纳的序幕；五年级毕业时，一首《记念》让师生再次在镜头下同框。孩子们说，歌中唱的就是我们在一起三年的故事。舞台上，老师和学生完全融入歌声里、沉浸在故事里，舞台下由任课教师组成的评委团也激动得眼含热泪——拾贝娃三年的成长，完美地呈现在舞台上。那一刻，我们的精彩真正绽放，十倍的付出、实备的态度，让优秀发展为卓越。

经营特殊班级的过程，也是班主任和学生共同成长的过程。抱怨不能解决任何问题，唯有调整自己的心态，静下心来用智慧引领学生改变。学生在一次次活动中，感受到被尊重和被认可，找到自信，找到未来发展的方向。

中途接班，尤其是接特殊班级，班主任的工作切入点，应该是在尊重原班级已有班级文化的基础上，更多地唤醒学生成长的内驱力。手印约定、解

救行动、用善良解读善良、让学生做主人、设计班级活动，等等，都是在尊重的基础上，唤醒学生的规则意识、集体意识、成长需求。而教师置身于学生之中，和学生同台演绎，把成长故事搬上舞台，则是给予学生满满的成就感。当内驱力被唤醒的时候，主动成长之路自然会越走越稳，越走越远。

三、融合教育"真融合"

2020年6月28日，教育部印发《关于加强残疾儿童少年义务教育阶段随班就读工作的指导意见》，为融合教育成为学校工作的重要组成部分提供了政策保障。融合教育，是一种教育理念和实践，是让所有学生，无论他们是否有特殊需求，都能在一个普通的教育环境中学习和成长。这一理念强调的是教育的包容性和公平性，确保每个学生都有机会接受适合他们的教育，无论是在学习环境、教学资源还是教育方式上。

不可否认，近年来，越来越多的政策文件或指导意见相继出台，是对有特殊需求学生享受公平受教育权力的一种政策层面的保障，也是人文关怀的具体体现，但是融合教育在实施过程中，受多种因素制约，总体质量并不理想。有特殊需求的学生人数呈逐年上升趋势，特殊学生对班级的影响日渐突出；家长们不愿意自己的孩子受到特殊学生的过多影响，主张特殊学生到特殊的学校去学习；孩子们不能理解为什么特殊学生可以享受一些"特殊待遇"，会质疑"都是学生，为什么他可以这样，我却不行"；老师们也很崩溃，对待特殊学生百般付出，却收效甚微。

可以说在班级管理中怎么开展融合教育，是摆在班主任面前的严峻课题：如何落实各项政策，让融合教育达到真正融合，让所有学生在融合教育中得到真成长？

（一）融合教育面临的困境

仔细翻阅相关政策和文件，对于如何进行融合教育的策略指导少之又少。尤其班主任教师，不是专业人士，应对特殊学生的很多问题无能为力，对教师而言，身体残疾的学生，教师可以通过提供各种力所能及的帮助，给予有效呵护，但让有严重心理问题的学生真正参与到融合教育之中，难度太大了。

1. 无法科学评估学生的真实状态

班主任通常看到的只是特殊学生的一些表现，例如，有的学生很难有安静的时候，注意力不集中，小动作多，情绪失控等，但到底是不是多动症，需要专业医生和心理医生的诊断评估。

很多家长因为怕孩子遭到教师和学生的歧视，不愿意如实说明孩子的实际情况。也有的家长对孩子的心理问题认知不足，以为孩子是开窍晚或者太顽皮，再或者归结于性格问题，而忽略了对孩子症状的理性认知。即便教师给予家长相关提示，家长依然不愿意承认。

2. 缺乏专业技术支持

小学班主任，通常所学的是教育学专业，或者相关学科领域专业，很少有心理学背景或者接受过特殊教育的系统学习。即使学校有专业心理教师，也很难顾及众多的特殊学生，更谈不上一对一进行指导。因此，专业知识匮乏，专业指导缺乏，也为融合教育带来一定困难。

3. 教师面临压力和挑战

在融合教育中，对特殊学生的管理，给班主任日常工作带来较大的影响。一个特殊学生情绪失控，全班学生都会受到影响，还可能对其他班级造成一定影响，事后需要花很多时间和精力善后处理。而且，小学生的是非认知能力存在一定的局限性，他们无法科学认知特殊学生的特殊行为，有可能"跟风"盲目效仿，也有可能歧视特殊学生。在各项评比中，特殊学生对班级造成的影响也是无法估量的，因此，在班主任日常工作中，融合教育的真融合，需要班主任自身较好地调整心态，一切为了学生，为了一切学生，不是口号，是行动。

（二）融合教育离不开家长的配合

很多家长因为担心孩子受到歧视或不公平待遇，不愿意带孩子到专门机构鉴定，或者有鉴定结果也不愿意如实告诉老师。家长不配合，导致无法给予特殊学生及时、科学的行为矫正和干预，这是班主任经常遇到的首要问题。那么，遇到这样的情况，我们该如何做家长工作，使之理性面对孩子的问题，继而家校携手，对孩子进行科学引领呢？

1.和家长真诚沟通

首先，尊重事实，提高自身预判能力。我们毕竟不是专科医生，也不是专职心理教师，因此，面对多动症、抽动症、阿斯伯格综合征、自闭症、抑郁症、焦虑等症状的学生，我们要仔细观察，有条件的学校也可以找来心理教师进行复诊，在确认自己的预判之后，可以试着和家长沟通，使之愿意借助专业医生进行科学矫正。

（1）了解学生在家庭、学校的表现，是否具有一致性。

我们和家长沟通的目的，不是给孩子贴上特殊学生的标签，而是了解学生在家、在学校的特殊表现是否具备一致性，是否属于非正常的特殊行为。如果是行为习惯问题，可以和家长共同制定矫正策略；如果是病态反应，则要建议家长找专业机构进行评估。

和家长沟通时，用事实说话，不带任何感情色彩，从孩子的身心健康发展出发，给出合理化建议。言中有人、言中有事、言中有对学生的真心关注，家长会更容易接受。

（2）打消家长顾虑，一切为了孩子。

特殊学生家长最担心的是孩子遭到歧视，或者被老师放弃。特殊学生的家长有时候比孩子还要敏感。对教师的每一句话、每一个细小的行为，都会格外用心去解读。因此，教师在和家长沟通时，也要格外注意措辞。

从孩子身心健康发展角度考虑，我们提倡尊重科学，请相关医院做一个权威检查。如果是病态，早发现、早治疗，对孩子也不至于"拔苗助长"，真要产生什么更严重的心理问题,就得不偿失了。如果一切指标正常,那么我们对于不合适的行为就要进行科学管理,不能纵容孩子任性,否则错过小学阶段的习惯养成,中学再矫正就晚了。随着孩子年龄的增长,异常的行为也会面临同伴异样的眼光,我们越早干预,越有利于孩子的成长。

如果遇到家长不配合,依旧隐瞒事实,我们可以继续真诚沟通,以同理心悦纳孩子,打消家长的后顾之忧之后再谈配合:"我特别理解您的心理,对孩子来讲,适当的标准是他成长的重要保障。标准过高,对于一些孩子来讲,是不公平的。时间久了,容易产生焦虑、敏感、抑郁等心理问题。标准过低,也会延缓学生的成长脚步。我们尊重事实,尊重科学。孩子是您的,也是我们的。再观察一段时间,如果孩子依然是目前这样的状态,我们就要考虑怎样家校协同,更有助于孩子的成长。您放心,我们不会因为医生的诊断放弃任何一个孩子,或者对孩子有任何歧视。我尽最大的努力,也希望得到您的配合。孩子能够拥有健康的心理,是我们共同的也是最大的愿望。"

当我们拿出足够的诚意,尊重事实、尊重科学、尊重家长的感受、尊重学生的成长规律,在面对孩子的心理健康这一重要问题时,家长也会慎重考虑协同融合问题。

(3)学会适可而止。

遇到实在不配合、不肯请权威单位诊断、隐瞒孩子真相的家长,我们也只能是尽我所能,适可而止。欲速则不达。随着长时间接触,家长对教师产生足够信任之后,再试着沟通,也许会有一定的改观。如果学生对班级影响确实大,严重影响正常教育教学秩序,而且家长又极为不配合,甚至言辞过激时,可以由学校出面,要求家长带孩子到医院诊断,或者请家长陪读。

和家长的沟通并非每一次都是顺畅的,我们也只能是以真诚为本,一切站在学生的角度去谈问题,切记沟通不是诉苦、抱怨、声讨,而是以科学为依据,准确判断学生的特殊行为,量体裁衣,制定引领孩子成长的教育策略。

2. 理解家长也有苦衷

不可否认,如果班上有一个特殊学生,班主任和任课教师通常要付出比正常学生多很多倍的精力进行教学和管理。而且在学校、年级量化评比中，特殊学生带给班级的影响也是显而易见的。只要班上特殊学生多几个，班级评选优秀班集体可以说难上加难，班主任为此苦不堪言。遇上家长不配合的情况，班主任更是感觉暗无天日。

抱怨不能解决任何问题，只能使矛盾加剧。换位思考，家长对孩子在融合教育中所处的劣势地位深感焦虑也是可以理解的。这些家长本身就已经心力交瘁，我们看到的是几十分之一的"特殊表现"，对于家庭而言，那就是百分之百。孩子从小到大，家长在时间和精力上大量付出，家长的情绪经常在崩溃的边缘。如果我们在言语中透露出对孩子的抱怨、对家长的不满，很容易造成家长或学生爆发恶性事件，最终教师的一份苦心换回家长满腹的不满、学校的批评，实在是得不偿失。

我清楚地记得曾经有这样一个学生，认知障碍，智商只有67，数学运算能力只高于0.01%的正常水平。和家长沟通时我好心建议："您是否考虑过让孩子到适合她的认知水平的学校就读，这样就可以避免同伴歧视和自身的内心压力了。也许在那里，她还会享受比其他人要好一些的成就感。"

家长哭了，哭得很伤心，"老师，我们也曾经考虑过，但是您不知道，我们带她去检查的时候，很多比她病重的孩子，说话口齿不清，表情怪异，她被吓得直往我身后躲，大喊着'妈妈，咱们回家吧，我没病！'那一刻，孩子吓哭了，我也害怕了。整天面对那么多病态反应的孩子，是一种精神上的摧残，孩子心里再有成就感又能怎样呢？在咱们学校，和正常的孩子在一起，融合教育至少让她看到的是阳光和快乐，进取和成长。"

这位妈妈的话深深震撼了我。我们通常只考虑了特殊学生带给班级的影响，却忽视了孩子真正的心理需求。安全感、健康快乐成长是每个人都渴望的，特殊学生更是如此。若干年以后，这些孩子还是会面临适应来自社会的、方方面面的压力，帮助他们逃避不是办法，引领他们一点点学会生存、学会改变才是硬道理。

同理心让我理解了家长的苦衷，理解了孩子的无奈与无助，我的心态平和许多。

3. 理性面对，教师不是万能的神

在日常班级管理中，特殊学生需要消耗班主任太多精力，但改变却不是立竿见影的。而且，有些特殊学生的家长，由于对自己孩子的过度保护，有时难免焦虑过度或将情绪转移到教师身上。学生的过激反应我们可以理解，因为教师的身份所在，职责所在，所以不会跟学生计较什么，也不会奢求学生能够对我们的付出回馈什么。但是对于家长过于敏感的情绪，或者一些不当的指责与抱怨，老师们需要练就一颗强大的、包容的心。

每个人的认知角度不同，对问题的理解层次也各不相同。所以，教师要理性面对融合教育中不被人理解的一些言行和情绪，做好自己的心理医生。教师是一份事业，但首先也是一份工作，工作中遇到问题是难免的，我们想办法解决就好，千万不要因为工作影响自己的心情，甚至怀疑自己的职业选择。

同时，作为和学生朝夕相处的班主任，还要通过不断学习，丰富自己的认知。尤其在融合教育中，我们是非专业人员，这是事实，但是多读书多学习也是非常必要的。了解病态反应，可以帮助我们有效鉴别；了解矫正策略，可以提高我们的专业技能；了解一些和孩子相处的小活动、小故事、小笑话，可以让我们更容易走近特殊学生。此外，还可以多向有经验的老班主任学习。虽然特殊学生的表象和故事各不相同，但有些老教师的小妙招是可以用来借鉴的。

最后，在融合教育中，班主任要学会管理自己的情绪。笑对量化管理中的"失去"，把自己班级的日子过得精彩就够了。班主任对特殊学生的关爱、遇到问题积极面对的良好心态、解决问题的教育智慧，都像一块吸铁石一样，把学生们的喜爱"吸"过来，教师的职业幸福感也会油然而生。幸福感不止来自量化评比的名次，更多是来自和全体学生的"真"融合。

（三）融合教育需要智慧的爱

在融合教育背景下，每一个特殊学生都有特殊的需要。有的需要安全

感，有的需要身体上的照顾，有的需要情感上的包容，有的需要行为方面的矫正，有的需要家庭的温暖，有的需要静静的陪伴。不管是哪一类学生，我们首先能做到的是营造包容的氛围，让特殊学生在集体生活中得到应有的尊重，让其他学生也能在融合过程中，学会包容，学会友爱。

1. 用故事营造班级的融合氛围

小学阶段，学生由于年龄小，无法感同身受特殊学生的各种心理。班主任老师不能简单地用一句"他是病态反应，他和我们不一样"来解释特殊学生的特殊行为。特殊学生在融合教育中，首先要经历的就是面对同伴异样的眼神和无意的语言伤害。因此，作为班主任，营造友爱、包容的班级融合氛围，是实现真融合的首要任务。

小学生喜欢听故事。我们无法讲述特殊学生的病情，但我们可以以同理心感受这些学生的心情。通过换位思考、情景体验，唤醒学生内心善良的种子，友爱、包容的融合氛围也就离我们不远了。

📖 案例分享

特殊的礼物

孩子们入学三个多月了，小A爷爷的几句话深深刺痛了我："老师，咱们班有几个小女生，在小区里面玩的时候，非常不友善地说'咱们别和小A玩，她是大笨蛋！'"短短一句话，让我的心格外痛，我知道当事人和家长的心也在痛。来自同伴的讥讽是一把无形的刀，伤害着学生、刺痛着家长。

我相信这些"伤害"不会是学生有意而为之，更多的是一种童言无忌。他们在表达自己的真实感受。

作为班主任，若以这是校外事件为由不解决，是对伤害的放纵；若一味的说教，孩子太小，听不懂大道理；简单地责令她们道歉，很难让学生接受，搞不好还会冒出一句："我说的是实话，老师为什么让我道歉？"到底怎么处理合适，我苦思冥想。

融合教育中，营造班级融合氛围，是真融合的关键，在融合的土壤里才会开出融合的花。

接受礼物、听故事，是孩子们的最爱，送给孩子们一份终身受用的礼物、声情并茂地讲一段故事，是不是能够触动他们幼小的心灵呢？一番思考之后，我决定以送礼物、讲故事的形式，和孩子们展开一次"友善待人"的谈话。那天班会课铃声一响，我便在投影上打出几个醒目的大字，"良言一句三冬暖，恶语伤人六月寒"。几个认字多的孩子一字一句地念了出来。

"今天的班会课，老师要先送给你们每人一份礼物，想要吗？快把眼睛闭起来！"我认真地说。送礼物是孩子们的最爱，他们乖乖地笑着闭上了双眼，"这份礼物是我的老师在我很小的时候送给我的，我一直保留到现在，今天也要送给你们。"我轻轻地、一字一句地把这句话又念了一遍，孩子们笑了，"老师，这就是您给我们的礼物？"我成功地激发了孩子们的好奇心。

"是啊，可别小看我的老师送给我的这份礼物，每当我说话做事时，它像具有魔力一样，经常出现在我脑子里，和我一起经历了很多小故事呢！想听故事吗？"我又加以渲染，让礼物充满浓浓的感情色彩。孩子们迫不及待地喊："老师，快讲，老师快讲！"

以前我曾经教过这样一个孩子，他和我们不大一样，他是一个严重多动症、严重铅中毒、严重统合失调的小个子男生。他说话不敢大声说，做事总是往后躲，在班里很少讲话。一次他偶然的发言，让全班惊讶不已，而且不由自主地给予了热烈的掌声。在秋游过铁索桥的时候，他害怕地躲在我的身后，"老师，我不敢！""大男孩，你没问题，你在上边走，老师在下边接着你！"我说。

"小×，我们在那边喊'加油'，我们等着你！""小×，我们在你身后保护你，我们绝不让铁索桥晃悠！"同伴们也热情相助。

老师和同学的鼓励，让小×颤颤巍巍地走上铁索桥，而且在同伴的呐喊助威声中，他顺利通过。回来后，写下了他平生第一篇"优秀"作文——《我成功了！》。

孩子们听老师讲故事时安静极了，听到故事里的小×顺利通过铁索桥后，大家都开心地笑了。我随即进行现场采访："如果你是小×，最想说什么？心里什么感受？"

"老师，我觉得心里特别温暖！""我太感动了，这些同学真好！""同学们像家人，老师像妈妈，学校是我家。"小妮动情地说出了诗一般的语言。

"是啊，没有老师和同伴的鼓励，也许小×至今都不知道走铁索桥是什么滋味，也许他至今都不知道什么叫友谊，但是就是那一次，他知道了老师、同伴对他的爱。从那以后，小×每天都在变。"孩子们听得入了神，有的还留下了感动的泪水。我知道善良的种子埋在了孩子的心里。用别人的故事唤醒孩子内心善良的本性，胜过万语千言。

感动是暂时的，也许过不了多久，他们就会忘却。为了让学生更好地理解良言与恶语带给他人的影响，为了让小伙伴的包容与友爱扎根心里，我又结合孩子们的生活经验，形象地解释了"良言一句三冬暖，恶语伤人六月寒"。冬天是寒冷的，但是温暖的鼓励，善意的帮助，可以让寒冬变得温暖；夏天是炎热的，但是不友好的话语一出口，却让夏天变得冰冷。

"你喜欢良言还是恶语？"一个简单的选择题，让安静的教室顿时又活跃起来，"恶语伤人我不喜欢，良言听起来舒服，而且让人有力量，我喜欢！"孩子们纷纷表示。

"当你想出口伤人的时候，怎么办？"我紧接着问。孩子们的语言很质朴,"那就不说了!""说话前先想一想,分清良言还是恶语再说话!"我动情地说:"的确,良言充满爱的力量,它可以让弱者变得强大,它可以让别人感受快乐,美好的语言让每个人的心都是暖暖的、美美的。因此如果是良言,你就大声说出口。相反,恶语不会对别人有任何帮助,而且在讥笑别人的同时,自己也失去了善良的美德。所以,如果想出口伤人、讥笑他人时,请你赶紧咽回去。"我顺势做了一个吞咽的动作,孩子们认真模仿,我笑了,他们也笑了。晓之以理,动之以情,童趣化的语言加上生动夸张的动作,达到了教育目的。

"想一想,你最喜欢听谁说话?谁的良言最多?"又一个问题抛出,教室里立刻充满了温情,一句句赞美在孩子的口中传递。及时从故事回到现实,帮助学生在正确认知之后,进行自我反思。令人意想不到的是几个爱讥笑他人的小女生,怯怯地站起来,"老师,我们不该说……"没等她把话说出来,我赶紧在嘴边做了一个"嘘"的动作,"同学们,我提议把最热烈的掌声送给她们,因为她们不只懂得了良言与恶语的作用,还认真思考自己的言行,既然是恶语,我们就把它咽回去,而且那已经是过去的事情,我们不再提起。下课后,带着你的良言悄悄找到被你伤害过的同伴,真诚地道歉。我相信全班同学一起努力,从我做起,我们班的恶语会越来越少,让我们一起用良言把冬天变得更加温暖!"过程比结果更让人回味,唤醒善良的种子,传播有爱的行为,让融合在自然状态下发生,这就是教育。

【案例分析】陶行知先生曾经说过,"真教育是心心相印的活动,唯独从心里发出来,才能打动心灵的深处"。做班主任工作更是如此,面对学生形形色色的问题,面对融合教育中的特殊群体,用心做真教育,让师生在心心相印中,传递真情,传递真爱的力量,传递真诚的悦纳,才会让学生感受到是什么是真正的融合的力量。

2. 为不同的"特殊"，提供不同的服务

我非常欣赏一句话："今天我为你送伞，他日谁为你挡雨，会奔跑的孩子才不会淋雨。"是的，特殊学生需要特殊呵护，但是特殊呵护不等于无原则的包容，融合教育的初衷也是让他们融入普通班级，得到成长。营造班级氛围、寻求成长伙伴、制定适宜的教育教学目标、小步子前行等策略，更有助于特殊学生得到不同程度的成长体验，从而实现自主成长。

（1）成长小伙伴，助力智障、身体残疾的学生。

对于智力障碍或者行为能力迟缓的学生，可以选择"小导师助力"策略。让他们选择一位自己喜欢的小伙伴做导师，和他们一起学习、生活、玩耍，有效帮助他们调整自己的行为。从模仿到独立完成，从没有自控力，到能够在他人帮助下，有意识地改善自己的行为，小导师助力他们成长。不会跑操，跟不上队伍，会有小导师轻轻拉着他；不会收拾餐具，小导师会手把手教他。他暴跳如雷、情绪不受控时，小导师会伸出食指轻轻"嘘"来提醒，拍拍他的后背、耳边低声提醒。长期的伙伴助力，一定程度会促成特殊学生形成技能，减少对班级造成的负面影响。在小导师助力过程中，友爱、包容的融合氛围也会逐步形成。

我清楚地记得小导师菲菲在帮助伙伴小晗清理完满位子的垃圾之后，语气坚定地说，"我不能放弃她，也不会嫌弃她，因为她是我的成长伙伴！"助力小伙伴，对每位小导师而言也是一种成长。友爱、包容、责任、担当都在学生的心中深深扎根。每一个爱的行为都是一本生动的教科书，可谓润物无声。

（2）降低目标，小步慢行，问题集中的学生也会成功。

有些学生容易情绪失控、问题较多，一方面是病态反应，另一方面他们缺少行为矫正的策略。自己失控——同伴嘲笑——老师批评——自己崩溃——同伴再嘲笑，周而复始，问题较多的学生处于恶性循环的发展中。科学分析学生的问题行为及产生原因，降低目标、小步慢行，可以为"问题"做减法，打破恶性循环，同时还可以避免学生产生更严重的心理问题。

📖 案例分享

爱哭的小羊

小杨，一个长得高高大大、自尊心极强的男孩子，时时处处希望自己表现到最佳，然而由于缺少自控意识，结果总是事与愿违。每一次面对错误和失败，他总会以大哭发泄，表达对自己行为的痛恨。同学给他一个绰号，"爱哭的小羊"。情绪控制能力差、注意力高度不集中是他的主要问题。

初识小杨是在开学第一天。第一次领教"爱哭的小羊"也是在那一天。当时，我和全班同学认真解读班级文化"拾贝"的含义，唤醒每个孩子，争做一名阳光进取的三年级小学生。同学们听得很认真，争相和老师探讨自己的"拾贝"梦。小杨也举起了手，还没说两句话，就已经泣不成声，"我也想阳光快乐，积极进取，我也想成为十班的宝贝，可是我就是做不到！"说完呜呜地哭起来。再三劝阻之后，终于止住了哭声。在绘画环节，他又哭起来，"老师，我的一二年级很糟糕，糟糕得一塌糊涂，三年级我不可能成为最好的自己！"上课时，看课外书看得津津有味的他，会咯咯地笑出声音，叫他几次才收起来。收作业时，他必然是没有完成。课间让他补作业，他又被课外书吸引。因此放学时候他又被留堂。面对诸多错误，他趴在地上比一开始哭得还厉害，"我就是一个混蛋，怎么都改不了，我完了！"

粗粗算来，一天大哭不止五次。长此以往，焦虑、缺少自信、盲目自我否定都将严重影响他的身心健康发展。一味说教、简单粗暴地指责，都不会有明显的改善，但任其发展，问题只会更加严重。

不开心、遇到困难的时候用哭来发泄，是孩子的本能。尤其对于敏感、情绪易失控的孩子而言，哭是最好的发泄方式，哭也是一种变相的自我保护。哭，本身没有错，错只错在没有找到哭的真正原因，就不可能找到更好的解决办法。解铃还须系铃人，发现问题、解决问题的过程还是要由当事者本人来完成。

首先，以共情原则倾听。那天小杨值日之后，正准备继续沉迷于书的世界，被我叫到了跟前，"大奔儿头的聪明小伙子，聊几毛钱的呗！"我开着玩笑。他很意外，很拘谨地站在了我的面前。我们从"聪明"和"男子汉"入手，一起提炼了相关联的关键词。然后结合关键词逐一分析，小杨具备了那几个，缺少的是哪一个。"聪明""兴趣广泛""知识渊博"是已经具备的，这几项归功于爱看书、喜欢阅读和思考。"勇敢和有担当"，是目前做得稍微差一点的。"顾不过来，没有时间去担当"是他自己分析出来的。最欠缺的则是"坚强、大气和阳光"，具体表现就是太爱哭。

耐心地倾听，平等地沟通，让小杨的问题真实呈现出来，此时我只是参与者和倾听者。

其次，乘胜追击，唤醒认知。找到了目前存在的主要问题，再和小杨一起进行认真思考。每一次大哭的理由总结如下：想不出办法了，哭是无奈；悔不当初，痛恨自己没有自制力；认为自己倒霉，觉得委屈；恶性循环，越不控制麻烦越多，麻烦越多越无从解决，只好以"哭"来发泄。追根溯源，小杨在梳理中，对自己的行为有了新的认知，渴望改变的驱动力逐渐被唤醒。

再次，思维碰撞，寻找策略改变。如何打破恶性循环，进入良性循环，我们的谈话越来越深入，努力寻找解决问题的策略，最终形成男子汉约定：课间远离课外书，担当数学课代表，积极参与班级日常工作，让自己活在集体之中，不能生活在自己的世界里。下课做该做的事情，只在回家之后看课外书。

最后，小步慢行看变化。爱哭的小杨终于有了改变的需求，而且还找到了解决策略。为了实现我们的男子汉约定，我们认真地和家长分享了我们谈话的全过程。家长高兴得不得了，让孩子在家认领一个家务岗，学会对岗位负责，每周量化评比看变化。关于情绪失控、大哭的次数我们也有了相关约定：最初限定一周哭的次数不超过三次，而后调整到只有一次，最后改为不再用哭来解决问题，以男子汉的成长拥有"坚强"。小杨在小步子慢行的过程中，真的在改变。一次寻宝闯关活动中，他和自己的小队走丢了，非但没有哭，还学会了在走失的附近独自欣赏，"我想哭都找不到理由了！"事后他轻松地讲述全过程，阳光的笑脸，让蜕变的小杨赢得了同伴的阵阵掌声。

【案例分析】唤醒内需是教育的开始，唤醒是心与心的碰撞。一味地指责或者不厌其烦地告知该怎么做，不能怎么做，收效甚微。而让当事者内心真正认识到问题的根源之后，再寻找解决问题的策略，是由"要我做"到"我要做"的认知和驱动的蜕变。等待是一种智慧，小步子、小目标让改变成为可能。教育不是一蹴而就的，教育需要等待。

（3）用智慧的爱教会学生自强。

当下，教师的教育教学压力在不断增大，很难有更多的精力去呵护特殊学生，但是病痛已经让这些特殊学生有了别样的经历，心理上的痛更是难以言说。我们虽然不是专业人士，无法解除病痛，但我们能够让他们的心感受到爱的力量。特殊学生呼唤特殊教育，不管有多忙，不管有多累，作为教育工作者，都不能忽视这一弱势群体。

随着年龄的增长，这些特殊学生对于自己和常人的不同，认知会越来越清晰。自尊心越来越强的他们，不愿意让别人看到自己的与众不同，与其说怕别人嘲笑自己，不如说是无法战胜自己。病情是无法改变的事实，作为班主任，我们能做的是走进孩子的内心世界，唤醒他们的内心，让他们勇敢地走出阴影。

📖 案例分享

我想给您起个名字

小蔡，先天性脑瘫，从小就体验了别人无法体验的病痛。随着年龄的增长，他越来越害怕被别人讥笑。课间的时候很少在楼道里锻炼，因为他害怕别人笑话自己走路姿势太难看；学习任务完不成，他会紧张性肠胃不适，呕吐。我该怎样帮助他呢？

那天，我看到小蔡又捂着肚子痛苦地坐在我们班门口，我猜他一定是因为紧张刚刚呕吐过。

"小蔡，又吐了对吗？胃不舒服了？"我关心地问。他很诧异，同时点了点头。"这节课正好我没课，咱们聊聊天，看看能不能缓解你的不舒服。"我试探性地提议。他点了点头，一瘸一拐地跟我走进教室。

"郝老师还有一个名字，是知心姐姐，最会猜同学的心理，你信吗？"我故作神秘。他又很诧异地看我一眼。"有一种病叫紧张性肠胃痉挛，当人一紧张或者有什么压力的时候，就会觉得胃不舒服，出现恶心、呕吐的症状，我猜你的呕吐和紧张有关？"

"您说得太对了，我就是数学课上还想着语文还有作业没写完的事，老师又不让数学课写语文作业，所以想着想着就想吐。"他很真诚地说。

"吐过之后，语文作业就能写完了？"我故意问。

"没有。"他惭愧地低下头。

"说实话，你这种病很多人都有，只不过反应不一样，有的人头痛，有的人胃不舒服。我有时候一紧张，就头疼得要死，恨不得撞墙呢。但是越紧张就越难受，而且什么问题也解决不了，对不对？"他笑着点点头。以同理心走近孩子，轻松化解了焦虑。

我告诉他，他的学习成绩和乐观面对让我们敬佩。但是太追求完美，有时候会把自己压得喘不过气来，就像弹簧有失去弹性的可能。人的精力和能力是有限的，凡事尽力了就好。

"爱自己首先要让自己阳光快乐，遇到问题想办法解决，相信办法总比困难多。"我又结合孩子们经常出现的问题，帮助他理解办法总比困难多这句话的意思，同时把快乐人生三句话"太好了！""我能行！""我帮你"送给他，孩子的脸上露出了笑容。看似漫不经心的交谈，有效缓解了孩子内心的焦虑。

"看到你现在走路的样子，我想到了我小的时候，也坐过轮椅，也拄过双拐，也因为怕别人讥笑不敢上街。但是我现在已经站起来，而且还当了这么多年的老师，虽然走路不像别人那样优雅，但是我加强锻炼，总会越来越好的。也许我的今天就是你的明天。"

孩子睁大了眼睛，"原来老师也有过怕别人讥笑的时候？原来坐轮椅也会有站起来的时候？"孩子有些惊叹，我知道，他看到了自己的希望。尽管我知道孩子不可能完全像常人一样，但"希望"会让阳光射入，"希望"会给人力量。

"老师，我想给你起个名字。"小蔡笑着说，"心理老师！"我笑了。"我想的是什么，您都知道，而且跟您聊天我觉得开心了，您治好了医生治不好的病！"小蔡补充道。最后，我和小蔡有个美丽的约定："不管遇到多大的困难，都相信办法总比困难多，不让自己打败自己！不管什么时候，我们都是好朋友，互相帮助，随时分享！我愿意做你的心理老师！"

【案例分析】对于特殊学生而言，未来的路还很长。随着年龄的增长，他们还会面临很多常人无法想象的困难，来自社会、家庭、学校、同伴，更多的是来自于自己内心的压力。我们要帮助他们认识自己，强大自己的内心。只有悦纳自己、力所能及地改变自己，才能够有勇气面对未来的坎坎坷坷。

3. 严格要求也是爱

在融合教育中，有些学生是病态反应，我们予以真诚的关爱。但是也有一部分学生，病态反应的背后，更多的是自我放纵。家长明知有问题，却不知如何去改变。作为班主任，了解学生行为背后的真正原因，推动家校合力，帮助学生矫正自己的不良行为，也是非常必要的。问题学生千差万别，但他们的共同之处就是需要我们特别关注。关注的方式各不相同，有的需要小心呵护，有的需要严格要求，还有的需要各种手段结合起来。

📖 案例分享

孩子，老师不是大灰狼

"小彭，你再玩游戏，我给郝老师打电话了啊？"爸爸面对失控的孩子，假装拿起手机，想以此来威胁孩子。"爸爸，讨厌，不许你打电话！"孩子愤怒地跑过来，夺下爸爸手中的手机，对着爸爸的胳膊狠命咬了一口。爸爸看着孩子着急的样子很好玩，呵呵地笑了。看着孩子不情愿地关掉游戏机，开始写作业，爸爸露出了满意的笑容。很显然老师成了爸爸挂在嘴边的"大灰狼"。

妈妈又一次向我详尽地描叙述着在家里小彭和爸爸之间斗争的场景，类似的讲述在连续两周的交流中，都会听到。"孩子在家里几乎完全失控，没有人能管得了他，写作业要商量着来，写烦了他还要发脾气，我要是管他，爸爸和爷爷会和我吵架，怎么办呢？"妈妈很不好意思，为自己的家庭教育失败感到无奈。家长教育观念不一致，养成了孩子见风使舵的性格。

分析问题背后，家庭教育情况不容乐观：父亲的育儿理念对孩子的影响较大。爸爸认为想做什么就做什么，太多的束缚会阻碍孩子的发展。因此，孩子的头脑中没有规则意识，没有纪律约束。

在家里，他会眼睛看着家长，而后呵呵笑着，故意尿在地上；还会故意将整碗的面条洒得满桌子全是。看着孩子越来越不像话的表现，作为父亲也试图改变，但常年的"散养"，使得他在孩子心目中已经失去了家长的威严。母亲在孩子的教育问题上，虽然不像父亲一样迁就，但力量太微小。两个人经常当着孩子的面因为教育问题发生争执，而且失败的总是母亲。如此家庭，孩子的表现也就不难理解了。

借用老师的威严来管理孩子，显然是不可取的。妈妈也知道总拿老师吓唬孩子不是长久之计，但孩子实在不听话时，又没有更有效的办法。

我和妈妈一起分析如此教育的利害关系，强调教育是有原则的，不能简单化处理问题。要帮助孩子树立规则意识，让他知道哪些事情是必须要做到的，是改变孩子的第一步；同时，让妈妈进一步认识到，放纵孩子是绝对不行的，而且有些地方是可以达到正常孩子的要求的，需要加强管理。

我告诉孩子，老师是培养孩子良好习惯的人，不是吓唬孩子的人，所以不需要害怕。接着肯定孩子在听到爸爸要给老师打电话时，马上能做好，说明心中有规则意识，已经在长大。同时，告诉他，作为即将升入三年级的小学生，在学校和家里都要遵守相关规则，比如，尊敬父母，自觉完成家庭作业等。并提出具体要求：每天的记事本是老师对学生提出的具体要求，逐条完成了，就可以做自己喜欢做的事情。因为自己年龄还小，许多事情需要妈妈爸爸提醒，我们要尊重他们的意见，感谢他们对我们的帮助。老师会时常打电话，或者和妈妈发短信交流在家的表现，希望他能做一个守规则的好孩子。

为了帮助孩子树立在家的规则意识，每天放学之前我会提醒他，隔几天我就打个电话、发个短信问一问他在家落实记事本的情况，他的妈妈也会按照我们的约定，经常给我发短信反映孩子的情况。孩子表现好的时候，我们及时鼓励表扬，表现不好的时候敲一敲警钟，帮助他调控情绪，调控行为。

渐渐地，孩子养成了较好的行为习惯。回家按照记事本要求，乖乖地完成作业，尽管作业稍有难度的时候他还会发脾气，但是他知道学习是自己的事情，不完成是不行的。后来的周末家长接待日中，妈妈也反映现在写作业不像原来那样像打仗似的了。而且，中午回家还经常拿回作业改错，他常说的一句话是，"今天没有外教班，不改完错老师是不让回家的"。尽管他不会静下心来认真分析错误原因，尽管改错的效率很低，但至少他在向一个合格学生的标准迈进。坚定的坚持，让放大病情的自我放纵得以矫正。

同时，我把爸爸请来，和他达成共识："孩子要长大，父母不能全程陪送"，要让孩子学会生存的本领，孩子有很大的发展空间，需要家长和老师正确的引领。如果不及时纠正，继续无原则放纵，将对孩子的未来产生不好的影响。管理孩子，需要坚定的坚持，用规则说话，而不是靠老师的威严吓唬孩子。给孩子明确规则、讲清道理，远比拿老师吓唬孩子更有说服力。

我又和科任教师进一步协调，达成一致：关注孩子，但在班级中并不迁就，同样严格要求，当然标准可以略低一些。集体做的事情他必须跟着做，这一点没有商量余地。我想，强化规则意识，慢慢让孩子融入集体，在融入中慢慢改变，在坚持中成长，孩子会有希望。

【案例分析】一个人的力量毕竟是有限的，尤其对于特殊学生的改变，更需要集体的合力。家庭教育和学校教育步调一致，是取得教育效果的一大法宝。特殊学生的问题不是一朝一夕可以解决的。教师、学生、家长，都不应操之过急，追求速效。

作为班主任，我们应持之以恒地关注学生，对每一点微小的改变和进步，及时给予正面反馈，让学生和家长看到变化。关注学生自身的成长，而非与他人比较。

关注特殊学生群体，需要智慧引领，让爱看得见，让改变看得见，这样会唤醒学生成长的内驱力，再协调各方力量，让各学科的要求在坚定的坚持中得以落实，让家校形成合力，最终学生会改变，家长也会看到曙光。

第五章

家校携手"不孤单"

——拓宽协同教育的着力点

苏联教育家苏霍姆林斯基在《帕夫雷什中学》中指出："儿童只有在这样的条件下才能实现和谐的全面发展，就是两个教育者，即学校和家庭，不仅要有一致行动，要向儿童提出同样的要求，而且要志同道合，抱着一致的信念。"

其实早在《三字经》中就有"养不教，父之过；教不严，师之惰"的说法。

当今时代，也有人形象比喻，"父亲是天，母亲是地，教师是园丁，孩子是成长的小树苗"，在孩子的成长中，家庭和学校的作用都不容忽视。

现在家长对学校的期望各不相同。有的希望教师严一点，让孩子多学一点；有的主张孩子在快乐中成长，不希望有任何压力；有的焦虑，有的"佛系"。在公立学校，班主任每天面对繁杂的教育教学任务，很难满足每位家长的个性化需求。因此，家校矛盾成为新语境下班主任面临的现实问题。

打铁还需自身硬。作为班主任，如何在新语境下，做好家校协同教育呢？

一、置身新语境，更新角色意识

由于连续多年做家长学校工作，我在大量案例研究中发现：和前些年相比，家长对学校、对教师的角色认知发生了变化。原本家长放心地把孩子托付给学校，对教师充满尊敬和信任，如今却出现了信任危机。投诉教师的事件屡屡发生：孩子摔一跤，家长会提出查监控，追究责任；老师对学生稍微严厉一点，家长会怀疑是否影响了孩子的身心健康。教师在家长眼中，是服务者，必须全方位为孩子服务，而尊师意识逐渐淡薄。

尤其在"双减"政策颁布实施之后，教师很快成为高度聚焦的职业人，教育成为人们谈论的热点话题。这一方面对班主任自身的业务成长提出了迫切要求，另一方面，也让教师不得不重新思考，新语境下我们的角色该怎样定位。

（一）了解家长需求，定位新语境

了解家长需求，可以准确定位家校协同教育的目标和方向，更容易寻求协同教育的契合点。调查问卷、个别访谈、案例研究、家长会等是了解需求的重要手段。调查对象可以是家长，可以是同行教师，还可以是学生。

1. 局外人的观点

女儿是95后的代表。在谈及家校协同教育的时候，她作为一个还没有入职的研究生，曾向我提了一系列问题：

问题1：你们/我们小时候没有强调家校协同教育，不是也一样优秀吗？为什么现在要谈家校协同教育？

问题2：家校合作，合作的是什么？是责任的重新划分或转移吗？家校共育和"学校教育＋家庭教育"有什么区别？

问题3：每个家庭有自己的家庭氛围，家长一定要按照老师指的思路和方向来做吗？为什么？

问题4：新一代家长接触到的信息是多元的，教师自身接触的环境则相对单纯。如果家长有适合孩子个性的家教氛围和培养方式，与公立学校的思路不太一致，家长一定要听老师的吗？

问题5：年轻家长正是打拼事业的时候，自顾不暇，客观上没办法面面俱到地配合学校教育怎么办？作为老师怎样和家长达成共识？家校在哪些方面协同？合作到哪种程度？

女儿提出的一系列问题让我不得不重新思考教师角色。第一，家长对家校协同教育的认知呈现多元化特点，家长虽不排斥但也不太配合。家校认知不统一、共育策略缺失、共性和个性的平衡等问题，都是客观存在的，我们作为教师，和家长之间该怎样定位协同教育中的关系。第二，家校之间的责权界定尚待澄清。第三，现实存在的社会舆论，让家校之间出现信任危机，我们该怎样理性、智慧地达成家校协同的和谐。

2. 家长的观点

在一次幼小衔接的学区家长讲座前，我对202位幼儿园大班家长做了一次问卷调查，了解幼小衔接家长群体的需求和真实想法，以便更有的放矢地进行课程讲座。在数据分析整理过程中，我再次确认，在新语境下，家校协同教育依然是引领学生成长的必由之路。家校携手的核心契合点仍然是孩子身心健康的发展。

调研结果表明：

（1）家长受教育程度和教师不相上下，甚至远远高于教师现有水平。教师在认知水平方面，不占据优势地位。

（2）当前家庭教育不能完全满足学生的成长需求。在学前，近30%家长感觉在家庭教育方面缺失适当的教育策略。

（3）家长对学校教育的需求，不是"唯成绩论"，而是更注重孩子的身心健康。

了解家长需求，是有效开展家校合作的前提。凡事从孩子健康成长的角度和家长沟通，会事半功倍。

3. 调研家长需求，创新家长会形式

家长会是家校协同教育的重要路径，家长会怎么开才能有效果，是老师们当前比较困惑的问题。以往布置任务型、汇报工作型、经验介绍型的家长会模式，早已成为过去式。问卷调研表明：

（1）家长喜欢生动活泼的家长会形式，专家讲座不能完全满足家长需求，家长更希望寻求操作性强的育儿策略，而且他们希望多种形式参与，在亲子互动中融入、感受孩子的生活。

（2）家长希望家长会的内容更加多元：有关注健全人格方面的，有培养生活习惯方面的，有指导孩子学习方面的，有培养孩子意志品质的。

低年级学生家长更希望了解有关新生入学的适应问题（自理能力的培养、学习兴趣和习惯的引导）；如何对待学生交往中出现的问题（师生交往、同伴交往）；如何应对孩子注意力不集中、做事拖拉等问题。

中年级学生家长更关注如何帮助孩子客观看待、评价自我，掌握一定的学习方法，培养较好的学习习惯。

高年级学生家长最感兴趣的是，如何建立良好的亲子关系，如何有效和孩子沟通，青春期的小躁动该如何应对，电子产品如何控制等。

每次家长会前，可以设计一个问卷星调查，在一定程度上可以为新语境下班主任召开家长会提供较为直观的数据参考。以往传统的家长会形式、简单的家校沟通已经无法满足家长的需求。

（二）置身新语境，理解家校协同教育的必要性

前面女儿提的几个问题，是几年前她尚从事其他行业时向我提出的，如今她自己也成为了一名教师。从一名高中教师的视角看家校协同教育，她有了更深的感悟：学生到了高中学段之后，暴露出来的问题形形色色，家长的表现也是让人大开眼界。每个家庭的相处模式和家庭氛围各不相同：有固定每周一次家庭分享时间，平等分享各自生活的；有各自为政、互不干涉的；有家长一问三不知的，也有家长事无巨细包办代替的。有的学生在校"高能"在家"低能"，家长看到学生在家的表现后对孩子不满意，进而产生焦虑情绪；也有的学生在家是乖乖小孩，在校表现却不尽如人意，家长因此对学校产生质疑，质疑新教师的能力，试图左右新教师的各项工作。还有的学生在家、在学校都是"问题大户"，家长完全放弃，或者迁怒于教师，形成各种投诉。一个重要的现象是，家长和学生的心理问题呈上升趋势，家校矛盾日渐突出。

女儿提到的这些问题是客观存在的，不只是高中，各学段都有类似的问题。随着时代的不断发展，可能还会有更多问题出现。

出现问题是正常的，新教师也是在一次次解决问题中获得成长的。所以，作为新教师或者新班主任，首先要对自己教育专业知识充满自信，同时，将自己置身于新语境当中，打开视野，多看多想多作为，慎思笃行，一段时间之后也许会发现：家校协同教育并没有那么难。而且，成功的家校协同教育，会让班主任的日常管理事半功倍。

成功的家校协同教育，一方面能最大限度为有心无力的家长提供具有普适性的教育方法；另一方面可以为学生提供有延伸性的成长环境，避免家庭与学校的割裂，让家长和学校教师获取到学生成长的全面信息，有助于对学生的全方位引领。

（三）新语境下家长会怎么开

家长会是每个学段必不可少的家校协同教育的组成部分。高水平的家长会，能够唤醒家长、学生内心的成长需求，也会传递一些教育策略。家长会在一定程度上是班主任的一张明信片，家长通过家长会，了解学校的办学理念和办学成效，了解班主任工作的智慧和方法，了解班级发展及学生个人情况。但是班主任讲、家长听的单一形式，在信息多元、家长学历水平较高、认知多元的新语境当中，已经无法满足家长的需求。家长会该如何开呢？

（1）丰富家长会的素材，巧妙借力，让家长会效能最大化。

让调研的数据发声，让家校共同的培养目标——学生——用自己的方式发声，这样更直观、生动，更容易被家长接受；家长育儿的焦点、痛点，可以让感兴趣、有经验的家长及学生自发组成项目团队来发声，及时给予澄清和引领；还可以让高学段的学生、教师、家长发声，帮助家长了解后续的配合方向；也可以让法治民警、相关人员发声，让家长对一些认识模糊的问题有了更清晰的认知，让家校协同教育在正常轨道上前行。

（2）家长会有智慧设计，也有温度传递。

给家长（孩子）的一封信，情景再现，访谈录音，案例讨论ABC，辩论会等，都可以设计到家长会之中。

（3）家长会的本质是要解决真问题。

家长会主题聚焦，宜少不宜多，每次解决一个真问题，就是成功。家长会的目的不是教育家长，家长是我们携手的伙伴，助力学生成长才是我们的本意。家长会不是单纯汇报、布置任务，而是和家长达成共识，携手前行的一次再调整。

二、智慧引领，让家庭、学校教育与孩子成长同步

家长是孩子的一面镜子，他们处理问题的方式、看问题的角度无时无刻不影响着孩子。家长是孩子的第一任老师，但没有任何一位家长是经过训练、持证上岗的。因此家长育儿需要教师适时引领，然而教师也不是全知全能。面对形形色色的学生问题，也需要不断提升自己的教育智慧，和学生、和家长一起成长。

（一）走进家庭，了解孩子行为背后的故事

孩子是家庭的缩影，孩子的在校行为，一定程度上是家庭文化的外显。从孩子的情绪、行为控制情况，能大致了解其家庭成员之间的关系。因此，当孩子在校经常性出现一些特殊行为时，不要急于改变，而是慢慢走进家庭，了解孩子的真实家庭情况，改变孩子从改变家庭开始。

> 📖 **案例分享**
>
> ### 小青蛙，大鼓肚
>
> 班里有一个大个子男孩，听不得老师对别人的赞美，体育课上正常的两队比赛输了，他也会难过不止，每天的眼神里写满了不开心，委屈抱怨始终相伴。我做过统计，他每天要大哭四次。他的习惯性动作是

狠狠地瞪着大眼睛、嘟着小嘴大叫"不公平"，脖颈子上的青筋暴起。我曾经开玩笑地叫他"小青蛙大鼓肚"。孩子为什么形成如此敏感的性格？

家访时，我了解到了不为外人所知的故事。

孩子说，"奶奶，你为什么可以叫小狗狗'宝贝'，却从来没有叫过我？"

奶奶说，"郝老师，不瞒您说，我在他爸爸很小的时候，就开始单身生活，一个人把他爸爸带大，不知道什么是开心，很少笑过，更没赞美过谁，没那心情！现在看他，还真不如我的小狗可爱！"

爸爸说："我妈妈当时带我，就是打骂与指责，没有赞美。而且我一个大男人，夸他一个男孩子，还拥抱他，他难受我也难受。"

了解了孩子的家庭背景，再来看孩子大哭、攻击别人、抱怨、不包容也就不足为奇了。爸爸很早就成了单亲家庭的孩子，没有受到过赞美和呵护的大男人，在教育自己的孩子时，自然复制了奶奶的做法，每次犯错误，爸爸就是劈头盖脸的一顿打骂。因为挨打是家常便饭，因此他打同学的手法与爸爸几乎如出一辙。当六七岁的孩子在情感方面得不到满足的时候，自然要用他的方式发泄出来。

我从"情"字入手，分别做奶奶和爸爸的工作。首先和孩子爸爸聊天，帮助他看到自身的优势，并试着让他遗忘过去，感受身边的幸福。同时把孩子的点滴进步及时和他分享，尤其是孩子对爸爸和家人的在意，帮助他看到孩子的优点。

他深有感触地说，"郝老师，从没有人对我们这样好过，我叫您一声姐，行不？"我和孩子爸爸约法三章，每周给孩子至少三次赞美，学会微笑，想发脾气的时候想一想，还有没有更好的解决办法？

后来从孩子每天主动帮班里做事，从他开心的笑容里我看到了孩子变化。从孩子爸爸主动参与班里的志愿者行动，并写出文章和大家分享，我也看到了爸爸的变化。

【案例分析】原生家庭对孩子的影响是潜移默化的，因此发现学生的问题，首先要了解学生的家庭。过去的已经存在，不站在道德制高点去评判，而是给出具体的指导和建议，帮助家长应对困境，让家长一点点改变，并在改变中感受亲情，感受快乐。本案例中"约法三章"的前提是和家长建立了彼此信任、彼此接纳的关系，因此班主任在处理类似问题时，一定要先建立和谐的家校关系，再谈策略指导。

案例分享

"班里倒数第一、年级倒数第一，我们不在乎"

小A，一个文静善良的小姑娘，最喜欢静静地读书、看电视，但是她动作迟缓，各项能力较差，明显感觉她的动作不协调。孩子学前识字较多，但很少拿笔，写出的字是倒着的。入学第一次数学练习只得了14分，语文也是不及格。她不敢大声说话，甚至面对别人的推搡，她也没有任何反抗。家长曾给我写来一封信，质疑班级的和谐，要求我保护孩子不受伤害。

我了解到小A的家庭背景：父母都是大学生，在单位都是骨干。孩子由老人照看。每天的生活路径很简单，不是幼儿园就是家。老人忙家务，她与书为伴。她吃饭慢，老人就喂着吃。上学后，每天出了校门就是进家门。因为她动作太慢，落下的功课太多，所以要做的事情太多了。很显然，老人能给予孩子物质上的满足，却忽视了孩子内心的成长需求。

爸爸妈妈工作忙，顾不上，但坚信孩子将来错不了，现在没必要过多要求她。爸爸说："孩子开心就好，不给任何压力，班里倒数第一、年级倒数第一，我们不在乎，说实话，当初我小的时候都二年级了还是我妈妈替我写名字，现在混得也不错，大学毕业事业有成，所以我相信我的孩子也会如此,也请老师等我们长大!"

孩子真的快乐吗?以泪洗面、苦不堪言的状况说明她并不快乐,这个不快乐能怪谁呢?孩子各方面发育迟缓又是谁之过?很显然,家庭教育有很大的缺失。两点一线的生活,让孩子过于安静。六七岁的孩子正是欢蹦乱跳的年龄,而她却因为父母忙于事业、老人精力有限,限制了各方面能力的发展。看着同龄人开心的运动、各方面快速的发展,生活丰富,充满生机,而自己却什么都不会,她能开心吗?

孩子在长大,她的快乐早已不是仅停留在吃饱喝好、不出安全事故就行了,她需要成长的快乐。幸运的是,几次和家长交流之后,家长意识到了孩子在长大,成长的需求也在发生改变。需求得不到满足,身心健康就无法保障。

后来,我们约定:一起小步子调整、小目标进步。每天家长会抽出时间陪孩子在楼下跳绳、跑步、爬楼梯、做做游戏,让孩子和其他小朋友玩一会儿;在辅导孩子学习的时候,也能够从孩子兴趣出发,提高要求,鼓励进步。

家长的改变促成了小姑娘的改变。她上课能够鼓起勇气发言,经历了想找好朋友又不会表达的痛苦之后,也学会了主动表达自己的愿望。她的眼泪少了,笑容多了,成功多了,快乐也多了。

【案例分析】发现孩子的问题,不抱怨,不推卸。及时了解孩子的成长背景,从孩子的健康快乐出发,用事实说话,更容易引起家长共鸣。教师的真诚、对孩子的关爱,是走进孩子家庭的敲门砖,也是改变孩子的试金石。

当然,有的家长可以改变,有的家长很难改变。当我们和家长的沟通不畅,谁也无法说服谁的时候,我们不妨回到原点,孩子是我们和家长共同的培养目标,一切为了孩子,从孩子的情感体验出发,从孩子成长的角度再去看所谓的原则问题,双方都会更理性,问题就容易解决了。

📖 案例分享

"老师,孩子必须入队吗?"

有这样一位家长,在孩子加入少先队组织前找到我,"我不认为少先队是先进性组织,我认为这是一种强制性的表现。我的孩子可不可以不加入少先队组织?"

当时,我很无语,短暂冷静之后,对家长说:"特别感谢您能把真实想法和我交流,大人的政治信仰我无权干涉,也不想跟您说教,但是我要考虑该怎么给孩子解释:'别人都戴上了红领巾,是因为他们都不优秀?你没戴说明你优秀?'我说不出口啊。而且当孩子看到别人戴红领巾自己却不戴的时候,会是什么心情?我能跟他说是你爸爸不让你入队吗?"爸爸笑了:"老师,这也是我纠结的问题,所以才找到您!"迟疑一会儿之后,做出了决定,"老师,您说得对,孩子的视角跟成人是不同的,我不该把自己的思想意识强加给他!"

最终,孩子如愿以偿加入了少先队组织。

【案例分析】类似家校之间存在认知差异的案例还有很多,对班级工作的担当、课业负担的轻重、偶发事件的处理,家长和教师各自的角度不同,处理问题的"点"也就不同。处理好了,皆大欢喜,处理不好就是家校矛盾。作为班主任和任课教师,要牢记一个原则,那就是从有利于孩子健康成长的角度解决问题。

我们无法改变,也无权干涉家长的思想观念,我们能做的就是尽力在点点滴滴、时时处处展现我们对孩子的真心关爱,和家长真诚沟通。家校协同教育,听到不同声音是正常的,我们面对的是孩子,至于家长的意识理念,求大同存小异,教师和家长纠结于改变彼此的想法是没有意义的。在各有道理,僵持不下时,我们不妨从孩子的情感和孩子的想法出发,将话题转移至"看看孩子想要的是什么",不替孩子做选择。毕竟,让孩子更好地成长是老师、家长最根本的共识，是一切教育的出发点和归宿。

（二）不同家长，智慧应对

学生是教师的服务对象，教育学生是教师的根本责任。但是教师并没有教育家长的义务，家长根深蒂固的思想意识和行为标准，我们没有资格进行评判。我们能做的就是从有利于学生身心健康的角度出发，理性地和家长沟通孩子的问题。在平等、尊重的氛围中，以智慧唤醒家校协同教育的初心。

1. 遇到敏感焦虑的家长，怎么办

"双减"教育政策的出台，一定程度上缓解了家长的压力，但是部分家长的焦虑问题也随之产生。课外辅导机构没有了，学生作业减少了，再加上"二孩""三孩"的出现，以及各行各业本身的压力，让家长身心疲惫。面对敏感、焦虑的家长，我们需要及时沟通，倾听、共情之后，用具体的策略有效缓解家长的压力。

> 📖 **案例分享**
>
> ### 焦虑妈妈的改变
>
> 那天，我在教室判作业，小徒弟（年轻老师）在和家长电话沟通。电话对面是家长劈头盖脸的哭诉：对班级群里给学生发的一大堆的信息感到焦虑；孩子为了完成这些内容很晚都不能睡觉；孩子装病逃避语文课，已经是第三次了，老师为什么不制止；老师凭什么让学生分享PPT，自己两口子都不会，这是不公平的！
>
> 小徒弟有些不知所措，电话打开免提，向我发出求救信号。
>
> 我接过家长电话，不紧不慢地说："您先平复一下心情，别着急，我们慢慢来，有什么问题都可以解决。"温和而坚定的语气安抚了家长焦躁的情绪，我们开始了理性的沟通。

我先肯定妈妈对孩子的关心与关注，理解妈妈焦虑的背后是在意。但是这种"在意"，传递给孩子的不是成长，而是焦虑。换个角度看问题，孩子不会做PPT，可以换成其他方式。孩子画画不错，可以用连环画、剪纸的形式表达自己想说的。分享形式的创新，对孩子来讲是特长的发展，自信的培养，对同伴来讲，则是一种启发。孩子是成长的主人，不要让家长的焦虑影响孩子。

至于孩子逃课问题，三次都属于同类问题，作为家长，肯定是担心的，不希望孩子逃课。如果在孩子装病被识破的当时，马上把孩子送回学校。试想，第一次被送回来之后，孩子还会有之后的一而再，再而三吗？或者在第一次遇到这个问题，就和班主任联系，是不是也会有改善呢？听我说完，焦虑的妈妈安静了。

【案例分析】在工作中，焦虑的家长屡见不鲜，找班主任发泄一般是比较温和的，更多的是打投诉电话。当面对孩子的行为无法调控时，当家庭教育遇到问题时，他们自然会将矛盾焦点指向教师。我的经验是，在和家长沟通的过程中，先表达理解，通过肯定与家长共情，然后再给家长提供一些具体的指导建议，慢慢引导家长从感性的情绪中剥离出来，进入理性思考状态。焦虑的家长有一份对孩子的爱心，缺少的是智慧。所以作为班主任要不断积累、不断探索育人策略以及家校协同策略，同时学会适当调控自己的情绪，理性面对和化解各种问题冲突。无论语境如何变化，孩子的成长是教育不变的核心。紧紧围绕孩子的成长进行沟通，让孩子的改变来说服家长，焦虑的家长也会慢慢释然的。

2.因同伴纠纷引起家长纠纷，怎么办

在同伴交往中，孩子之间发生纠纷，是再正常不过的事情。从孩子的视角看纠纷，没有本质问题，没准儿睡一觉醒来就没事儿了。而家长一旦介入，带着成人的想法和行为方式，有可能使纠纷变质，让矛盾升级。当然，校园欺凌问题,另当别论。

面对孩子们的小纠纷,面对家长参与后的事态变复杂,作为班主任,在充分和家长共情的基础上,要想办法让孩子的经历变成成长的财富,有效避免孩子矛盾引发家长矛盾。

> **案例分享**
>
> **别让"纠纷"成后患**
>
> 我休病假回来第二天,就接到家长的长长一条微信:"在您休假的两周里,小冯几乎天天欺负小高,掰铅笔、掰尺子、撕本,甚至把墩布水直接往衣服上甩,致使小高想到上学就害怕,晚上做梦哭醒。男孩子淘气在所难免,但因为怕孩子形成心理负担,只好给您发这个短信,希望有时间调查。也许孩子自己糊涂,叙述有偏差,咱也别冤枉了人家的孩子。"
>
> 看了短信,我为无辜的小高感到难过,被高爸爸的客观与包容感动,更对小冯的行为感到气愤。如果不能还给小高一个公道,对小高不公平,对小冯更是一种纵容,同时对班风也有一定影响。所以在一番思考之后,我开始解决这起事件。
>
> 先回复高爸爸:"感谢您及时跟我沟通,非常理解您此时的心情。替我安抚一下儿子,告诉他老师一定给他一个公道。"第二天到校,我便找到小高核实。小高的叙述和高爸爸讲的完全一致。
>
> 随后我找到小冯,"我收到关于你的投诉,猜猜会是谁?什么事由?"小冯很聪明,很快就说出了自己和小高之间的所有事情,和小高的叙述完全一致。
>
> 放学后,我留下两位家长和孩子一起解决问题。"学校是允许孩子犯错误的地方,孩子不犯错误,要我们老师做什么呢?别害怕,犯了错误能够正确面对、想办法解决就是男子汉!"我拍了拍小冯的肩膀,让

原本担心、害怕的他稍稍吃了颗定心丸。

在小冯原原本本向妈妈讲述了自己的行为之后，我们一起进行角色互换体验。"我如果被欺负，我会很难过。"小冯很快认识到这一点，并主动向小高道歉。"以后我再也不欺负你了！对不起！"角色互换、情感体验是触动学生内心的一种方式，对于低年级孩子来讲，体验的作用远远大于说教。

"每个孩子到学校都是来享受教育的权利的，不是来被人欺负的。老师有责任保护每一个孩子。小高，你是受伤害者，你希望老师怎样处理这件事？"我问。"我只希望您把我们两个的座位调开，我怕他再欺负我！"小高弱弱地说。很显然，小高缺少自己解决问题的能力，选择了逃避，而这样的应对方式很难保证不再有类似的事件发生。

"小冯，你想说什么？"

"我再也不欺负你了，请你相信我！"小冯当即回应。在我的提议下，两个孩子不好意思地拥抱在一起，两位家长也露出了笑容。

如果小冯同学因为一次和同伴的"纠纷"，受到家长的过度责备，很容易适得其反，以后处处胆小慎微，磨灭了男孩子的天性；但不进行教育，又怕日后再犯同样的错误。小高不会勇敢地保护自己，只是一味地逃避退让，更不是男子汉的作风，谁能充当他一辈子的保护伞？与其处处保护，不如教会他如何应对。因此在双方和解之后，我并没有结束这次沟通。

"小冯，因为你们两个前些日子的小纠纷，小高苦恼了很久，有时候甚至做噩梦，作为男子汉，你有没有好办法，教会他遇到这些事情该怎样处理呢？"我希望通过同伴互助的方式，正面引导小冯什么是男子汉真正的勇敢，也让小高感受到小冯关爱的同时，学会自我保护，学会积极面对。孩子的语言是最好的教材。小冯毫不犹豫地说："在第一次就学会拒绝！或者大声告诉老师或家长！"听闻此言，小高用力地点了点头。

"小高同学，老师很高兴你借助爸爸的力量，让我知道了这件事，否则你憋在心里，我到现在都不知道呢，遇到事情讲出来就比憋在肚子里面强！"我冲他深深大拇指，"老师也欣赏你的包容和大度，但是包容并没有给你带来快乐，也没有改变小冯的行为，甚至因为你的包容，让他欺负同学的行为越来越严重，看来遇事只讲包容还不行，还要想办法更好地解决，否则时间长了，你的心里总会有小疙瘩，还为此不开心。"小高连连点头。

随后我又和两位家长分别进行了交谈，"高爸爸，作为家长，在孩子第一次向你倾诉时，要和孩子探讨出一条适合孩子的解决办法，教会孩子如何自我保护，避免影响孩子的情绪，同时尽早和老师沟通，这样就可以避免因问题堆积而酿成大祸。"

"小冯妈妈，孩子虽然惹了祸，但是他勇于面对并积极想办法解决问题的能力，应该点赞。今天的事情回去后不要再过多责怪，可以讲一讲后果和危害，避免再次发生类似问题。"

一起同伴纠纷引起的家长投诉事件很快平息了。两个孩子都有意外的收获，两位家长也看到了老师引领孩子成长的智慧，很快化干戈为玉帛。

【案例分析】感同身受的共情，是解决矛盾的第一步。在处理学生冲突时，我们面对的是两个甚至多个家庭。家长们常常是带着怒气来到学校，心中已经提前设防。在调解过程中，我们首先要通过当事人了解事件经过，不带偏见地还原事实；然后尝试引导家长跳出对立的角色，立足于孩子的成长，帮助冲突双方学生及家长正确看待冲突，进而达成和解。我们在化解矛盾的过程中，要注重引导学生学会正确的问题归因方法、正确的人际交往方式，培养学生安全及自我保护意识。

家长在整个过程中，感受到了班主任的教育策略。学生和解了，每个人在处理问题过程中成长了，家长的情绪会慢慢平复，解决问题随之变得更加理性。

3. 单亲家庭的孩子出现问题，怎么办

单亲家庭的孩子，是班主任"高关怀"的重要组成部分。单亲家庭的家长是家长群体中比较敏感的一部分。他们有的敏感多虑，生怕孩子因为单亲受到歧视，甚至不惜隐瞒单亲背景；有的加倍溺爱孩子，总想弥补因离异对孩子的亏欠；还有的因为离异，把对伴侣的怨恨发泄到无辜的孩子身上。不管哪类家长，单亲家庭受影响最大的都是孩子。班主任要走进这部分学生的家庭，进行科学的"家庭诊疗"，尽量减少单亲家庭对家长、对学生的负面影响，做好单亲家庭的"诊疗医生"工作。

> **📖 案例分享**
>
> **"老师，妈妈和我玩游戏了！"**
>
> 小达，每天到校就兴奋的小男孩，无论是晨读，还是上课、下课，总能听见他不停地说话，有时候甚至自言自语。科任课回来，孩子们第一句话就是，"老师，就是因为小达，我们没有得到老师的表扬！"多次找家长谈话，对小达进行教育，甚至取消他的课间活动来约束他的行为，但都收效甚微。
>
> 通过翻阅学生资料以及与小达聊天，了解到他是单亲家庭。妈妈一个人带着他，既要工作，又要负责他的教育问题，很辛苦。妈妈每天也会对他进行批评引导，有时候他犯错了妈妈甚至会大打出手，但是没有效果。孩子都希望被陪伴、被认可。而小达之所以自言自语不停地说，恰恰是缺少陪伴、缺少关爱的表现。改变小达，还要从改变家庭关系开始。
>
> 请来小达妈妈，先是表达理解和共情："一个人带孩子不容易，为了孩子，您付出的比其他妈妈要多很多。"小达妈妈的眼泪在眼眶里打转。"您知道我家庭的情况，一个人带孩子本来就累，再加上孩子一身

的毛病，都快愁死我了！"

"特别理解你的心情，单亲妈妈带孩子的确是很辛苦。您长期这样，紧绷着神经，对身体可没什么好处，孩子还指望您呢。"我继续共情。妈妈很意外，我对她没有任何指责和抱怨。

"我很佩服您离婚的时候您选择了孩子，这就是母爱啊。单亲家庭的现状我们暂时无法改变，不妨试着在其他方面做一些调整，您说呢？"我真诚表达着对妈妈的理解与尊敬，同时提出我的建议。"您对孩子这么辛苦的付出，孩子是否感受到了，我们试着理解一下小达，在角色互换中，猜一猜小达在想些什么。"

我和妈妈试着角色互换体验。在体验中，妈妈很快发现，母子关系已经变淡了。孩子回家感受不到妈妈的爱，甚至连个真正听自己说话的人都没有。对于活泼好动的孩子来讲，他需要伙伴，需要交流。当需要得不到满足的时候，他必然会寻找其他渠道，于是出现了不管什么时候都说不够，不管什么时候都玩不够的顽劣表现。

对症下药，孩子正常的需要本应得到满足。于是我和小达妈妈约定：每天和孩子亲子互动至少半小时。孩子和妈妈也制定"君子约定"："每个人在规定时间抓紧做好规定的事，然后一起游戏、讲故事至少半小时，如果表现尤为突出可以适当延长，如果表现很糟糕，取消亲子游戏时间。"

约定初见效果。第二天，孩子见到我兴奋地说："老师，我妈妈和我做游戏了，妈妈说我今天表现好，还可以做游戏！"可见孩子对于妈妈的变化，对于家庭关系的变化非常满意，在校的行为也得到了有效的控制。两周过去了，孩子还在坚持每天端正的坐姿和规范的行为，妈妈也在坚持他们的"君子约定"。

好景不长，两周后的周一，我在留下来改错题的学生中又发现了他的身影，而且语文、数学两科都有他。两个老师交流孩子的上课表现，说他坐姿端正但却人在心不在。

我决定调整策略，由表及里唤醒孩子的改变："孩子，坐姿好是最大的进步，各科老师都表扬你，同学们也都赞美你，很好！但坐姿好不是为了让谁表扬，而是一个学生应该做到的，如果只是为了表扬而端正坐姿，心却没有在课堂上，能学到什么呢？"我和小达妈妈一起，又一次和孩子平等对话，帮助孩子调整听课习惯、学习习惯。

一个月过去了，小达真的在改变，科任课老师一致认为小达像变了一个人，课堂纪律好了，能主动发言，语文考试由70多分一下子到了90分；他不但能自我约束，还能主动做"问题学生"的小老师，带动他人一起进步。小达妈妈看到孩子的进步，兴奋难抑，"最初我真的筋疲力尽，费了不少劲，却一点成效都没有，您帮我找到原因之后，我才发现，亲情是信赖的保证，没有亲子沟通，一味去要求孩子，母子关系变成好像警察与嫌犯的关系，时间久了，孩子也就疲了。今后一定配合老师，随时调整自己的教育方法，和孩子一起成长！"

【案例分析】单亲家庭的孩子需要特殊关爱，单亲家庭的家长更需要理解和尊重。他们需要拥有强大的内心，独自面对孩子成长过程中的一系列问题。尤其遇到不省心的孩子，往往让家长筋疲力尽，自责、焦虑，有的甚至暴躁，不仅对孩子的教育无益，对亲子关系、自身健康都带来负面影响。因此，我们在引领孩子成长的过程中，要尽力帮助家长调节紧绷的神经。班主任做单亲家庭的"诊疗医生"，如同一缕阳光，会让他们感受到别样的温暖。

4.面对"久治不愈"的问题行为，怎么办

望子成龙、望女成凤是每位家长的理想，但现实是形形色色的问题学生让家长苦不堪言。尤其有些学生的坏习惯"久治不愈"，家长经常是一声叹息，"老师，打也打了，骂也骂了，孩子就是改不了，这可怎么办？"

作为班主任，一味靠请家长、告状式的沟通显然是无效的。简单粗暴

地对待学生的"久治不愈",更不符合教师的职业道德,甚至会引发不可调和的家校矛盾。因此,和这些学生的家长沟通,更需要有操作性较强的策略指导。

案例分享

"邋遢大王"脱帽记

桐桐是个极为聪明的男孩,爱读书、爱钻研、爱动手操作,虽然才上二年级,已经开始读初中物理。他思维严谨,表达能力极强,只是太专注于自己的世界,忽略了正确的时间做正确的事情:别人的书包、座位收拾得干干净净,唯有他总是满地"垃圾",书包、水壶、趴趴枕、铅笔、跳绳……同学们笑称他是"邋遢大王"。

多次和家长交流孩子的情况,家长表示在家他也是如此,真的是没有办法。桐桐妈妈是个急脾气,爸爸是个慢性子,孩子更多像爸爸。妈妈的急脾气恰好"成就"了桐桐,他忙不完的事情、丢下的乱摊子,妈妈总会很快帮忙搞定。看来孩子的问题背后,应该是有家庭的缩影。

针对桐桐的"邋遢"表现,老师、家长和孩子多次沟通,收效甚微。每次把他单独留下来,要求他清理完再走,但改变依然不大。怎么办?寻根问源找"元凶",是我解决问题的第一步。

我用手机随手拍下座位地面上、椅子上的东西,和家长、孩子一起"品"原因。看着图片上散乱的铅笔、橡皮,座位上的纸飞机、地面上的小碎纸片,妈妈不好意思地说,"他就爱折纸,近乎痴迷,家里折了很多作品呢!"

妈妈的这句话带给我启示:长善救失。索性开辟"桐桐折纸天地",让小伙伴看到他的小巧手,换个角度认识他。

我们和桐桐交流:合适的时间做精美的作品,是人人羡慕的特长发展,也会成为同学们的偶像。但课堂上做这件事情,而且是以撕本为代价,带来的麻烦太大,成为垃圾大户是其一,同时也会影响上课学习。我们秘密约定,给每位同学一个惊喜——为他们送一件不同的折纸作品。

桐桐笑了:"这是我和老师之间的秘密。"妈妈也笑了:"孩子的毛病有希望能改了!"

一段时间之后,壁报上贴满了桐桐的作品,小伙伴连连惊叹,"桐桐,你太棒了!"桐桐笑了,"小邋遢"慢慢在改变。

折纸行动之后,我和桐桐又有了新的约定:每天课间,做班级的卫生管家,清理地面的纸屑垃圾。有了任务驱动,他每天开始忙碌起来。蹲下身,细心地用小手捡拾地上的碎屑,然后摆桌椅,一个组又一个组。同学们不止一次送给他热烈的掌声。

我曾看到一本书《聪明且混乱的孩子》,认真阅读之后发现,桐桐就属于聪明且混乱的孩子。这些孩子在熟练或成功掌握技能之前要给予持续的支持和监督,而后支持、监督和激励逐渐减小,再增加任务驱动,在不断的支持、监督、调整中,帮助他们改变混乱状态,强化他们对于好习惯的认知,孩子会有所改变。事实证明,确实如此,桐桐变了,"邋遢大王"的帽子摘掉了。

【案例分析】面对学生各种各样"久治不愈"的行为问题,教师和家长都要与时俱进,学习、学习、再学习,方可和学生共同成长。桐桐的改变,是阅读给了我们协同教育的智慧。

桐桐总爱制造纸屑垃圾,并且屡教不改,但深入了解后发现他是沉浸在自己的折纸世界且颇有特长。老师交给学生用折纸布置班级的小任务,童趣化地说明这是"秘密行动",只能在家完成。这样既维持了正常的班级卫生和秩序,又让学生的特长得以发挥,还能让其他学生尊重并认可桐桐,营造了积极的班级氛围。长善救失的"秘密任务",也可以推广应用到其他类似场景中。

三、品读故事，为家长互助搭设平台

学校每天都在发生故事，家庭也是如此。认真品读一个个家庭小故事，会发现很多教育智慧蕴含其中。教育不是说教，教育是无痕的浸润和熏陶。挖掘家长群体的教育素材，将家长的智慧凝聚在一起，让教育效果最大化，是家校协同教育的有效方法。

我们利用班级微信群、美篇、视频号等社交媒体，分享精彩、有趣的家庭育儿故事，供家长们参考借鉴。

（一）亲子阅读，让书中的故事改变孩子的行为

亲子阅读是语文学科从一年级开始就大力倡导的亲子互动方式。巧妙利用阅读素材，让书中的故事改变孩子的行为，是家长常用的一种有效的教育策略。

> **案例分享**
>
> **妈妈不是我的佣人**
>
> 周子曈
>
> 放假期间，我阅读了一本《妈妈不是我的佣人》。"佣人"是什么？我赶紧跑去问妈妈，妈妈说："说得简单点，'佣人'就是只知道干活的人！"
>
> 以前上学我都不会自己收拾书包，一直都是妈妈在帮我，那妈妈是不是我的佣人？放学后我和哥哥写完作业不是看电视就是玩玩具，从来没有帮妈妈干些家务活，那妈妈是不是我的佣人？我们总是把家里弄得乱糟糟，每天我们上学后家里都被妈妈打扫得干干净净，那妈妈是不是我的佣人？我一直以为这都是妈妈应该做的。过年了，我又长大了一

岁，现在我终于明白了，自己能做的事自己做！妈妈，您不是我的"佣人"，妈妈，我爱您！

【教师点评】一本书引发了孩子的思考，"妈妈是不是我的佣人？"小作者从妈妈无怨无悔的忙碌中找到了答案，"自己能做的事自己做！妈妈，您不是我的佣人"。用心聆听孩子，用心解读孩子的纯真心灵，你会发现真善美就在亲子阅读后的互动中。

（二）让数字发声，更有说服力

面对孩子做事拖拉，家长不停地催促，却总也看不到效果。家长生气发飙，孩子磨蹭依旧；家长包办代替，孩子处处依赖；最后，家长一声长叹，孩子陋习养成，怎么办？

案例分享

我的时间哪儿去了？

郑悠然

在家里，妈妈的口头语是"快点！快点！"，我的口头语是"再等五分钟"。

妈妈叫我写作业的时候，我说"再等五分钟"；奶奶叫我吃饭的时候，我说"再等五分钟"；爸爸叫我出门的时候，我说"再等五分钟"；就连他们喊我去睡觉，我也要说"再等五分钟"。爸爸管我叫"五分钟先生"。

一天，晚饭前我没写完作业，妈妈问我为什么没有写完，我就怪妈妈留的作业太多了。于是妈妈和我仔细计算了回家到晚饭前的时间，我发现在3个小时里，我只用了40分钟时间学习，其余时间都浪费掉了。我明白了，以后要抓紧时间。

郑悠然妈妈：我们很希望孩子能在下午放学后迅速地把作业写完，留出更多的时间看看书、下下棋，到楼下活动一会儿，但孩子做事总是拖拖拉拉。看似从放学到晚饭前一直在学习，其实时间利用率很低，一会儿吃点东西，一会儿喝水，一会儿上厕所，时间都悄悄地溜走了。可是孩子还总是觉得自己一直在学习，也没有去玩，总是很委屈。我们连续几天和孩子一起计算了放学后的时间，让孩子自己算算到底有多少时间是真正在学习，又有多少时间被浪费掉了。看到计算结果，孩子也很惊讶，体会到我们经常说的一句话："时间窄，指缝宽。"

【教师点评】注意力不集中，做事磨蹭，是低年级学生常见的问题。郑妈妈和孩子一起，用形象直观、孩子易于接受的计算方式让孩子意识到不知不觉中浪费的时间太多了。认识到自己的问题，才有改变的可能。

（三）关系紧张时，让书信成为和平使者

随着孩子年龄的增长，他们的自我意识越来越强，他们会坚持自己的想法，家长一般很难说服。如果采用"高压"政策会适得其反，让孩子更叛逆，但一味妥协、包容也不利于孩子成长。怎样向孩子表达家长的想法，让孩子听得进、想得通呢？下面这个故事可能会带给我们一点启发。

我是书虫，我做主！
毕天乐

我最喜欢看书，但一定得是我自己喜欢看的书！有时能一口气看一两个小时。最近我看得最多的书是《终极米迷》《神奇校车》，还有《阿狸的故事》。这些书中的故事特别有意思，我来回看好几遍也看不够，妈妈说我总是把精力放到看闲书上，要是能把这些精力放到学习上就好

了。可是我就是喜欢看这些书，妈妈不理解我，她总是强迫我去看她认为好的书，每当这个时候我就非常不开心。

我想告诉妈妈：读书是我的爱好！读什么书是我的自由！我希望家里有一百本妈妈所说的"闲书"。

妈妈：其实，妈妈很支持你看书，每当你趴在灯前一遍一遍地看着那些你觉得有趣的书时，其实妈妈心中是很开心的，因为妈妈知道你爱看书这真的是一件好事，也是一件让妈妈欣慰的事！只是，妈妈心中很纠结的是，你的学前基础不好，又偏偏逃避语文学习，你看的这些书对你的学习能有多大的帮助呢？它们能帮助你学习写作文吗？它们能带给你一些优美的好词好句吗？它们能告诉你科学的奥秘吗？妈妈也想让你自由选择爱读的书，在书的世界里尽情地翱翔，可是妈妈真的怕你捡了芝麻丢了西瓜。难道在这个问题上，妈妈已经和你有了代沟？

【教师点评】和孩子平等对话，用文字的形式对"看书"的问题进行了交流，孩子想些什么、妈妈想些什么，尽在书信往来中。家长尊重孩子，利用书信、邮件、短信等方式，通过文字、漫画、图片、故事，向孩子传递自己的真实想法，触动孩子的内心，这样的教育更易于被孩子接受。

（四）和孩子一起改变

我的戒烟记：为了孩子拼了！
张思诺爸爸

我和女儿的关系更像是朋友，她的喜怒哀乐牵绊着我的心。一年级下学期期末考前的一次测验，女儿因为马虎丢了七八分，比如，把得数15写成51，忘了写横式的答案，等等。怎么能让女儿改掉马虎这个习惯，作为家长我很是着急。

一天晚上，我正吞云吐雾之际，听到女儿和别的小孩在玩，又喊又叫，很热闹。我走过去一看，原来是两只毛毛虫在爬树，一前一后你追我赶很是激烈，同时小朋友们也自觉地分成两队，分别为这两只毛毛虫加油助威。孩子们的呐喊助威声，虫虫们好像听懂了似的，速度加快了，拼命往上爬。我伸手向上在能够得着的地方画了一条线表示终点。受到孩子们的感染，我也跟着一起喊了起来："加油，加油！"我和孩子们感受这一快乐时光，孩子的笑，是父母的最大安慰。

此时我突然想到可以用比赛的方式让孩子改变马虎的坏习惯，对，我和孩子比赛，代价是巨大的，但是一切为了孩子，值得！这天，我抽了此生最后一支烟，心里不禁为自己能想出用比赛的方法来教育孩子而自鸣得意。

我走进女儿的房间，看着正在写作业的她，轻轻地坐在了她旁边，正好她写完了作业回头看着我，我微笑着说：来，我们聊聊天，你也休息一下。

我首先发问："你知道什么是不好的习惯吗？"她轻松地说："知道知道，我知道！上课玩东西不听讲，还有吃饭之前不洗手，还有睡觉前不刷牙，还有不专心，马虎……""嗯，说得不错！看来你对坏习惯还是有一定的认识的！"我及时地打断了她。"那爸爸抽烟是不是也是坏习惯呢？"我故意问。"是的，爸爸抽烟其实对您自己身体不好，对我和妈妈的身体也不好，还有您有时候还乱扔烟头，对环境也不好！"此时的我无地自容，女儿看着我嘻嘻地笑了。

拿起女儿前一段做的练习卷，指着一处因为马虎而错的题目说："爸爸想和你进行一场比赛，就我们两个人，目的是让我们更优秀。我呢，从今天开始把抽烟的坏习惯改掉，不影响你和妈妈的身体和我自己的身体，也不去做破坏环境的事。你呢，改掉马虎、不细心的坏习惯，比赛时间就到期末考试结束，看看我们谁能坚持到最后，谁就是胜利者!"女儿听了很兴奋,手舞足蹈地对我说:"赢的一定是我!赢的一定是我!"看到女儿跃跃欲试的样子,我笑了。

晚上,我用一张大纸裁成若干个小纸条,上面分别写着"细心"和"马虎",又准备了一个小盒子。每天早上上学之前,让孩子把写有"马虎"的纸条放在准备好的盒子里,表示不把马虎带到身边。再把写有"细心"的纸条放在自己的口袋里,随时提醒自己要细心,不要马虎。就这样经过了一个多星期的"强化培养",女儿的考试成绩有了很明显的进步,在生活中也知道细心观察了。看到女儿进步了,受到老师表扬了,我心里别提多高兴了!

教育孩子的方法其实很多,适合孩子的、孩子容易接受的就是好方法。因材施教,事半功倍。在教育孩子方面来不得半点马虎!

【教师点评】和孩子一起面对问题,并积极想办法去解决,是家庭教育中我们大力倡导的做法。教育需要智慧,也需要付出。爸爸利用孩子好胜心强的特点,用父女比赛的形式,爸爸和孩子一起努力,一起改变,让孩子觉得改掉坏习惯也不是难事,寓教育于乐趣中,可谓智慧之举。

(五)巧用汉字文化,帮助孩子"解惑"

"朋"字的"学问"
小白爸爸

小白和小李被同学们笑称"捣蛋二人组"。几次被老师约谈之后,我和小白开始一起思考什么是真正的好朋友。

小白说:"朋友就是两个人想的都一样,天天在一起。"我说:"从'朋'字的字形来看,是两个月亮相互照亮,相互给予光明。"

小白不解:"那为什么不是两个'日'字?或者一个'日'一个

'月'呢？"儿子的奇思妙想让我暗自高兴，还是蛮有思想的孩子，何不好好引导一下呢？我特意翻开字典，又查阅了网上的大量资料，有一个解释说："古代以贝壳为货币，五贝为一串，两串为一朋。"由此可见朋友的珍贵。

话题继续。我说："同类人志趣相投，所以用两个相同的'月'，如果是两个'日'，想想天天光芒四射，火辣辣地彼此给予，让人感觉多了炙热，少了几分舒爽，再想一想夜深人静之时，人们都已经入睡，两个月静静地在一起说说话，彼此照照亮，是不是更多了几分舒适感？"

儿子还是不认可："为什么不是左右两个月中间两个日呢？"他抢过我手中的笔，在纸上画出了自己的想法，我笑了。那就不是两个好朋友了，那就是四个人在一起了。他点了点头："那更好了，好朋友不是仅限于两个人之间的，还要试着接纳更多的朋友。"

我暗自高兴："对，值得珍惜的朋友不在于数量的多少，而在于真正的彼此照亮、共同分享中的幸福舒适感。"我们的谈话思路渐开，"好朋友就应该相互帮助，共同进步，如果没有舒适感的标准作保障，好朋友在一起，总琢磨一起干一些捣蛋的事情，给别人带来麻烦，那就不是真正的好朋友。比如两个人合谋欺负同学，长大以后合谋干更坏的事情，那就是彼此伤害了对方。到那个时候不会因为有这样的朋友而感到幸福，而是会后悔交了这样的坏朋友，比如那些合伙犯罪的……"

儿子用力点点头，那份专注与认真让我感动，更让我欣慰。看来我自创的对"朋"字的理解应该是起了一点点作用。

【教师点评】非常感谢小白爸爸对"朋"字的诠释，为我们在教育孩子方面又开启了一扇窗。一个"朋"字的拆解，看出家长的教育智慧，巧妙利用生成，真正实现了家校共育。教育需要智慧，只要用心，功到自然成！

（六）平等对话变"要我做"为"我要做"

孩子再小也有自己的思想，尊重他，读懂他之后，才能更好地影响他、改变他。以尊重为前提的亲子沟通，可以澄清成长主体的责任意识，唤醒孩子的成长内需。

让孩子学会自己安排时间
崔宇琪妈妈

遇到的问题：到上床睡觉的时间了，孩子突然想起来还有一项作业没有完成。

沟通过程：先让孩子完成作业，再找出一本杂志，和孩子分享了其中的一篇文章。文章的主要内容是：睡眠不足会导致反应迟钝、智力下降、免疫力下降，皮肤还容易长小痘痘。

妈妈："如果睡眠不够，你聪明的脑瓜就慢慢变傻了呀！"

孩子："还会让我跑步变慢，做口算也变慢。"

妈妈："是呀，还会变丑呢。因为你今晚写作业多占用了时间，但又不能影响睡觉时间，因为你不想变傻，所以只能牺牲听故事时间和看纳米盒的时间了！"

孩子："妈妈，求求你，就让我听五分钟吧，明天我一定按时准备上床。"

从这之后，孩子早早检查有没有漏做的作业，早早上床等着听故事了。

孩子得到的启示：一件事情没做好就打乱了其他事情的安排，要提前安排好时间，免得手忙脚乱。

妈妈得到的启示：训斥能管用一次两次，经常训斥就失去了意义，也影响了家长和孩子的亲密关系。要让孩子自己意识到，原来妈妈让我这样做都是有道理的啊，不是妈妈无理取闹。孩子学会了自己为自己做打算、做规划，这样就能达到加强自我管理的目的，家长也省心了。

（七）学会包容，静待花开

有人说教师适合做演员，表情生动，变化迅速，不同的语境会用不同的表情。学生喜欢情感丰富的老师。同样，作为家长，也要在不同情境拥有不同的"味道"。

妈妈，你越来越有孩子味儿了
刘书含妈妈

一天，女儿在放学回家的路上怯怯地对我说："妈妈，我有件事想告诉你，你别骂我，行吗？"我看了她一眼，问："什么事？"她低下头小声说："妈妈，我数学只考了良。"

"哦，是这个事啊！你考试时尽力了吗？"我问她。由于已经通过微信群获知她不在优秀之列，所以她说的我并不感到意外。

她说："尽力了，可是还有一道题我不会做。"然后她把题给我复述了一遍，我没有立刻给她讲题，而是对她说："正因为你平时没有尽力去弄明白这个问题，所以考试时你怎么尽力都做不出来，对吧？妈妈希望你回家后把这个问题给弄明白了，下次别再错，就好了。"她看我没有批评她，等我说完后，立刻高兴地说："知道了，宝贝儿妈妈，你越来越有孩子味儿了。"停顿了一会儿她又说："妈妈，我告诉你，你一生气你的酒窝就不见了。"

"可是我没有酒窝啊！"我说。

她笑着说："是隐形的酒窝！"看着她天真可爱的笑脸，我陷入了反思和自责中，意识到自己给她的压力太大了，也感觉到平时与她的沟通方式过于简单粗暴，总是批评指责居多，这一次的不直接批评，反而收获了她的赞美，看来沟通还是很需要技巧的，处理方式不同，效果也是不一样的，作为家长，咱们且行且思考，慢慢地陪着孩子成长，静待花开吧！

【教师点评】每个家庭都有着不同的育娃智慧。案例中各式各样的做法，固然值得我们去借鉴，但是家庭背景不同，父母的教育理念不同，孩子的个性不同，所以采用的教育方法必然也会有所不同，所谓一把钥匙开一把锁，道理就在于此。

我们可以借鉴的是让学生和家长记录家庭故事，把每个家庭的教育故事集结成册，就是一本教育宝典，也是一种不可复制的教育资源。写作的过程即总结和反思的过程，记录家庭故事为学生和家长提供了一个回顾的机会，从中可以看到彼此的改变，培养成长性思维。在班级中分享亲子互动的小故事，有助于其他遇到类似问题的家长参考借鉴，有利于在班级中形成积极分享、积极参与家校共育的氛围。但在实际操作过程中应当注意分寸，不把分享变成负担，也要避免一些家长之间形成炫耀育儿技巧的另类攀比。

第六章

智慧沟通"不焦虑"

——案例分享说策略

孩子是家庭的希望，每位家长在孩子身上都倾注了大量的无私的爱，然而孩子对这份爱的回馈却各不相同：有的孩子用"感恩"的优秀表现回馈，成为家长的骄傲；有的孩子"漠视"父母的爱，享受其中却不懂得珍惜；甚至还有的孩子用"仇恨"来回馈，抱怨得到的太少。

家长们疑惑：现在的孩子怎么了？怎么和我们小时候不一样？问题出在了哪儿？

学生和教师朝夕相处，尤其和班主任"长相厮守"，但班主任老师们常常抱怨："现在的学生越来越难管，个性张扬的时代，学生和家长的队伍都不好带。"

记得在"知心热线"教师培训中，卢勤老师说过：不管是什么年代、什么语境，孩子就是孩子，他们拥有孩子的特质。遵循孩子的发展规律，倾听他们的声音，走进他们的内心世界，他们一定会还给我们绚烂多彩的童年模样。

而这个倾听与走进的过程，就是一种沟通的艺术。有效的沟通，是建立良好师生关系、亲子关系的前提和保证。

有效沟通，需要做到以下几点：

（1）学会倾听。不急于打断对方，让对方倾诉，倾诉的过程是对自己情绪的再梳理，宣泄也是一种疗愈。

（2）学会共情。共情可以改变关系，共情可以很快走进对方的内心。

（3）学会等待。等待对方自悟，等待柳暗花明的瞬间。

（4）学会自助。不要被负面情绪左右，离开热线小屋，阳光快乐依旧。

非常感谢全国青少年活动中心活动部给予我的培训和实践经历，感谢赵曼芸主任和王英一等老师为我们提供的"知心热线"接线员体验,让我对如何与青少年沟通、与家长沟通多了一些思考,有了一些经验和智慧。本章分享几个"知心热线"的接线经历,希望能为各位班主任朋友带来一些帮助。

一、剥洋葱式沟通,寻找问题根源

不管是和学生还是和家长沟通,班主任都要力求做到不急于表达自己的观点。在情景还原、角色互换中,引导来访者自省。用剥洋葱式沟通,帮助来访者在理性梳理中,自己发现问题的症结,寻求解决策略。班主任在沟通中,只是一个倾听者和陪伴者。

> **案例分享**
>
> ### 耳边的小手何时才拿下
>
> 曾经接到一位一年级女孩妈妈的来电,"我的女儿才6岁半,上一年级,孩子非常好动,每次老师找我都会说孩子不听话,爱做小动作,磨蹭。回到家里也是一样,发呆、磨蹭就是不干事,而且每次我说她,她都会捂起耳朵,很烦躁。说过、打过都没有任何作用。我该怎么办?"
>
> 听得出妈妈很焦急,才6岁半就这样,长大以后怎么办?妈妈对孩子完全失控,亲子关系如何建立?
>
> 我:非常理解您,作为妈妈付出那么多,真的很辛苦!
>
> 孩子妈妈:是啊,上班就很累,回到家里每天就跟打仗似的,我真的不知道该怎么办了!
>
> 我:孩子从懂事起就是这样吗?
>
> 孩子妈妈:两岁半前孩子在姥姥家长大,不到三岁上幼儿园,住在

自己的家。每天姥姥负责接送。

我：回来以后孩子听话吗？

孩子妈妈：那时候挺乖的，每次从幼儿园回来，都会先喝点吃点，然后开始自己写字、画画。姥姥要说哪儿写得不好，她还会擦掉认真重写，可不知为什么上学以后，跟着我就这样了！

（发现问题：孩子原本有一颗上进心，能够较好地安排自己的生活）

（剥洋葱式谈话，开始寻根问源）

我：看来您的孩子很聪明，也很懂事，从她一开始的表现，不难看出，孩子希望做一个好孩子，也努力过，对吗？别着急，我们认真回忆一下，孩子从什么时候开始，只要跟您说话，她就捂耳朵的？

孩子妈妈：孩子刚回到我们自己家时，她想和我一起睡觉。我想还是让她学会独立，不能太娇惯，所以每次她闹着和我睡觉，我都会问她："你喜欢孙悟空还是猪八戒？孙悟空勇敢，猪八戒无能。"孩子都会顺从地说喜欢孙悟空，然后就乖乖地自己睡了。

（分析：两岁半刚刚回到母亲身边，就开始独立睡觉，孩子乖巧顺从的背后，安全感缺失）

我：孩子真的是很乖巧懂事啊，尽管委屈、不乐意，还是听从了。

孩子妈妈：是啊，孩子怎么越大越不懂事了呢？

我：您刚才说，孩子做事磨蹭，不抓紧时间，而且您批评她时，还会捂着耳朵？

孩子妈妈：是啊，我一说她，"老师都说你了，你还不改改，还这么磨蹭？"或者说，"妈妈和老师都说多少遍了，你怎么一点都不争气！"她马上就捂耳朵。有时候气不过，打她一顿，打完了能好点儿，过后还一样！

我：这样，为了更好地了解孩子，我们做个角色体验，您来扮演孩子，我来做妈妈，演一下当时的情景，好吗？

（角色互换：避免说教，加强情感体验）

（角色互换体验之后我们的谈话继续）

我：想听听您作为孩子，被我这样说完之后什么感受？

孩子妈妈：听着不舒服，有点烦。

我：太好了，聪明的妈妈，一下子就明白了问题的症结，6岁多一点的孩子，整天生活在指责当中，捂耳朵行为就不难理解了。

孩子妈妈：是啊，我知道问题出在了我身上，可是她真的是来回反复，我也是气得不行才这么说的。

孩子妈妈：特别理解您，慢慢来，总会有解决办法的。想想孩子刚入学的时候也是这个样子吗？开学第一天就对一切都不感兴趣、烦躁、磨蹭吗？

（共同面对：在梳理中，找到问题症结）

孩子妈妈：第一天孩子回来就和我一起定了一个作息时间表，然后就贴墙上了。

我：孩子一天都没有执行吗？只是贴在墙上？

孩子妈妈：看来又是我疏忽了，贴在墙上我就没再管，直到现在还贴着呢！（听起来有些惭愧）经您这么一问，我发现了，孩子的问题真的跟我有关系，一开始孩子练钢琴，也很兴奋，回来还认真地教我弹，我嫌弹琴太辛苦，就没有坚持跟她学，每次她找我，我都会不耐烦地说弹琴是她的事，妈妈不用学！

（分析：一颗对学习充满热情的种子渐渐被埋没，因为没有得到应有的呵护与赏识）

我：您真聪明，不用我们给予任何帮助，自己都找到了问题出在哪儿，相信您的改变会带动孩子改变的。

（妈妈有些不好意思，连说"谢谢"）

我：最后问您一个问题，孩子和您在一起很开心、不捂耳朵的时候是什么时候？

（策略引领：自己悟出来的策略更有可操作性）

孩子妈妈：我们去公园玩的时候，会好一些。但是每次差不多都是高兴地出去、噘着嘴回来。我总说，我答应带你出去，答应的事情做到了，你还有什么不满意的？

我：您带她出去都做了些什么？

答：不瞒您说，我上班特辛苦，真想休息，可是答应了周末带孩子出去就得兑现，让她玩会儿就回来了呗。孩子说让我和她爸爸陪她，我们都说让她自己玩会儿。

我：孩子为什么噘嘴，您能猜出来吗？如果您是孩子，出去玩最希望得到什么呢？

孩子妈妈：孩子希望和我们一起玩？

我：是啊，不只是孩子，我们每个人都希望得到真实的、能感受到的爱，只有当爱的需求得到满足的时候，才会开心，您对孩子的爱太深沉，需要很多年以后，孩子才会理解，但是这些年孩子缺失的爱却是无法弥补的。蹲下身来，去倾听她说的，去理解她，感受她，让她真真切切地感受到爸爸妈妈的爱，耳边的小手会拿下来的！

【案例分析】每个孩子都是鲜活的个体，需要我们认真解读。马斯洛的需求理论指出，人类有五种不同层次的需要，分别是生理需要、安全需要、情感和归属的需要、尊重的需要和自我实现的需要。情感方面的需求，是人的基本需求，如果孩子感受不到父母的爱，谈何快乐？谈何发展呢？作为家长或老师，要了解孩子的需求，尊重孩子的发展规律，循循善诱，让孩子在看得见的"爱"中快乐成长。

二、换个角度对话，让沟通更有效

"尊重与平等"是沟通的前提，如果在沟通时，没有顾及到沟通对象的感受，缺少了对对方起码的尊重，一味地强势输出，结果必然导致对方的反感，如果是孩子，可能就会更逆反。良好的沟通氛围，可以消除人们的戒备，达到事半功倍的效果。当沟通走进"死胡同"时，要学会换种角度、换个方式或换个话题沟通，也许会柳暗花明。

> **案例分享**
>
> 领跑路上我不再孤单
>
> 电话是一位初三女生的妈妈打来的："我的姑娘从初中一年级开始，一直是全年级第一名，这次考了一个第三名，就不去上学了，怎么说都不行，甚至以死相逼，现在在家已经两天了。我该怎么办？"
>
> "孩子在跟前吗？我能和孩子说说话吗？"我试探性地问。孩子很快接过了电话，在短暂的交流之后，我用低低的声音说："孩子，不想上学，一定有你的理由，对吗？能跟我说说吗？"共情是建立信任关系的第一步。
>
> 我刚说完，小姑娘就很痛快地讲述了她的想法，"知心姐姐好！"孩子很有礼貌，说话也很有条理。"我就是觉得没脸见同学，初一初二我都是第一名，到了初三我排到了第三名，我怕别人笑话我。"看来孩子的过于自我让自己陷入了思维的困境。强加给自己的压力，让她想到了逃避。"真的很理解你现在的心情，第一到第三，很郁闷，是吗？但我更多的是欣赏你，那么优秀，全年级能稳坐三甲不容易呀！"我发自内心地说。孩子渴望被懂得，真诚的赞美和悦纳拉近了彼此的距离，我们的聊天有了顺畅的开始。
>
> "但是我一直是第一啊，这次才考了第三名！"小姑娘很懊恼。
>
> "你看过马拉松比赛吗？"我岔开了话题。小姑娘很奇怪，随即表示看过。
>
> "你注意观察过吗，马拉松比赛领跑的一定是最后的冠军吗？"我问。"那倒不是，马拉松需要技巧，更需要耐力和体力，有时候领跑的

到最后没有体力了，也会落后的。"小姑娘很认真地回答。

"所以如果我是你，遇到这种情况我会说'能有人和我一起领跑，太好了！领跑路上我不再孤单！'"我抬高了声调，真诚地说。小姑娘没有想到我会把她暂时的处境和领跑联系起来，更没有想到我会从另一个角度看待她目前的处境。她笑了，"知心姐姐，你真的这么想？不会想到别人的嘲笑吗？"

"当然！学习的过程不就像马拉松比赛一样吗？有前有后，名次随时在调整，谁会笑话谁呢？何况不管是第一还是第三的名次，都是后面多少人遥不可及的。所以我真没觉得考年级第三名丢人。相反输不起，遇到问题就逃避，倒让我觉得差点意思呢。要知道生活中会遇到各种问题，学习只是很小的一部分，遇到问题就逃避，要逃避到什么时候？天外有天，我们自己优秀，也要允许别人优秀。遇到让自己纠结的问题，那就换一个角度思考，给自己重新开始的理由。"分享式的交流让我们的心离得更近。

"我这几天只顾着自己纠结，真的很不开心，要是早这样想是不是早就好了呢？"听得出她轻松了许多。一条电话线，连接着两个素不相识但又格外亲切的朋友，没有说教，没有压制，没有豪言壮语，我们只是静静地聊，认真地听。

随后我又和她分享了知心理念中的两条快乐宝典——"我能行！""我帮你"，并和她一起分析如何面对暂时的挫折，结合她目前的处境给予了适当的引导。相信放下电话之后，她会带着轻松和自信重新上路。

【案例分析】孩子的成长就像蜿蜒的长河，必定要经过九曲十八弯才能积蓄一泻千里的能量，最终奔向大海。在他们成长的过程中，作为教师、家长，我们只是一个港湾，给予他们安全感和归属感，容他们休憩与调整。在孩子遇到问题时，我们敞开胸怀去接纳他们，静听他们的倾诉，默默为他们助力。孩子需要我们的包容之心、倾听之耳，当我们学会倾听孩子时，我们就找到了和孩子沟通的钥匙，也就打开了走向孩子心灵深处的大门！

经历本身就是财富，过度的保护将导致孩子的无能。同时，我们要明白一点，孩子永远不会被道理说服，吃一堑才能长一智。因此我们能给孩子的就是面对困难的态度，也是解决困难的一把万能钥匙。面对生活，要微笑着说，"太好了"，改变了心情就改变了世界。面对困难，要敢于说，"我能行！"改变了态度就改变了命运。与人相处，要主动说"你有困难，让我来帮助你！"改变了角度就改变了关系。

"事后诸葛亮"无济于事；"责备埋怨"只能让孩子心情更糟糕，甚至导致极端行为；"无原则迁就"会让孩子离我们的预期目标越来越远。沟通有时候要跳出事情本身，用通俗易懂的举例子、打比方来营造愉悦的聊天氛围，有可能的话，再来点小幽默，在轻松愉悦的氛围中解决问题。

三、顺势而为，悦纳促成改变

一般来说，青春期早恋问题在中学生中比较常见，但是现在的孩子普遍发育早，有研究表明：青春期对异性的好感在小学就已经出现。

对早恋问题，教师和家长把握不好引领的"度"，青春期PK更年期的局面就产生了。作为班主任，了解到学生有早恋的情况，该如何让初恋的这份美好和梦幻，成为成长的加油站？和学生沟通时，又该注意什么呢？

简单粗暴的制止和拆散，不但不利于问题的解决，还容易让孩子产生逆反心理，也可能导致一些严重后果，比如离家出走、抑郁症，甚至自杀等，这些极端行为为我们敲响了警钟，在处理早恋问题时，一定要讲方法，要冷静，慎重。

📖 案例分享

我早恋了，怎么办？

"知心姐姐，我早恋了，我学坏了！"电话那头，小女孩很不好意思地说。"你早恋了？学坏了？先别忙着给自己贴标签，告诉我你今年多大？我来看看是不是真的早。"我顺势矫正她的说法。不要急于给孩子贴标签，更不要让孩子陷入对自己的负面评价。"我今年六年级，我喜欢上了和我一样大的男孩子！"小女孩声音低低的。

"真的吗？恭喜你小姑娘，喜欢上一个人或者是被别人喜欢都是特别幸福、特别美好的事情！"我由衷地说。真诚的悦纳可以传递给对方一种信任，共情是沟通交流的前提。"啊？"听得出来，小女孩很吃惊。"我很愿意听你分享你的小男朋友，愿意把他介绍给我吗？相信他一定很优秀，否则你不会喜欢上他！"此时孩子需要的是理解，需要的是一个听众。小女孩说话的语气明显不再那样低沉，而是略带幸福又有少许羞涩地介绍她喜欢的男孩子，以及现在心里的纠结。

男孩子对他很好，两个人总想找时间单独相处，感觉什么都不说，都是幸福。但这种关系使得自己的学习成绩直线下滑。很显然，互相欣赏，彼此有好感，还不能称其为早恋，但是孩子分辨不清。而且小女孩本身是优秀的孩子，有一定的思考能力，意识到了对学习的危害。

"听得出来，你的小男朋友和你都是优秀的好孩子，真希望将来上中学、上大学时你们依然能够保持对彼此的这份欣赏，保持这份美好的感觉！"因势利导，帮助学生把梦幻般的美好感觉当成前进的动力，从而更好地规划自己的未来。

"你们两个在一起时，有没有聊过上中学以后怎么办？还会不会在一起？"我问。

"没有！要是待在一起就更好了！"小女孩毫不隐瞒自己的想法。

"是啊，一起规划一下，互相学习，互相帮助，争取一起考入同一所中学、同一所大学，那样就可以长久地在一起了！"小女孩静静地听，我试探性地提着建议。

"知心姐姐，太谢谢你了，我明白了！"小女孩开心地说，声音欢快许多。

我笑了，"姑娘，我还没有说什么，你明白了什么？为什么这么高兴？"

"我们在一起，有时候也不知道说什么，就是傻傻地在一起，其实我们可以有新的话题，可以做很多事情！我们可以保持我们的优秀！"小女孩很兴奋，咯咯地笑了。

小女孩的心结打开了，早恋是对是错已经不重要，我相信她也不会为是否学坏了而纠结，因为谈话让她得到了一种正能量。喜欢一个人不是错，和喜欢的人一起做喜欢的事情，奔赴美好的未来，才是最重要的。相信放下电话之后，一对小学生会带着对未来的规划，重新开始他们的交往。

【案例分析】被理解、被悦纳的学生是幸福的，所有的纠结在被悦纳中厘清，对于学生而言，就是成长。

每个人都曾经爱过，也曾经被爱过，我们有什么理由扼杀孩子的这份幸福感？有什么理由可以阻止孩子的正常成长呢？倾听、悦纳的同时，帮助孩子打开心结，再因势利导，是我们明智的选择。

四、共情是沟通的保障

随着二孩、三孩家庭的出现，"爱的缺失"和"不公平待遇"让一部分学生的童年蒙上阴影。被父母忽视的孩子像流浪的游子，他们渴望一个温暖的港湾。他们的心在漂泊着，感受到累，感受到痛，而这种感觉又无处释放，有时候压得他们喘不过气来。作为小学班主任，我们要敏锐地洞察学生的生活背景，力所能及地给孩子一个温暖的"港湾"，这可能会改变学生的一生。

案例分享

"我真想抱抱你"

在一次接线中，我遇到一位高二女生，至今记忆犹新。小姑娘有一个孪生妹妹，从小父母总是吵架，而且吵架过后，就会拿她撒气，挨打是家常便饭。7岁半时，父母离异，她被送到了农村奶奶家。农村重男轻女的思想，让小姑娘和奶奶、叔叔等人很难融洽相处。住宿生活让她和家的距离越来越远，家的温暖在不知不觉中跟她无缘。周末偶尔回到爸爸或妈妈家，由于他们各自有了新的家庭，又有了孩子，她成了世界上多余的人，没有人关心她。马上升入高三，小姑娘实在难以排解自己的孤独和寂寞，拨通"知心姐姐"电话，哭诉中显得那样无助。

"知心姐姐，我不知道家是什么，为什么家的温暖我始终感受不到？看着别人有爸爸妈妈的疼爱，我觉得我是多余的人，无法静下心来学习，一个人静下来的时候满脑子全是他们打我、骂我的场景，看着妹妹可以在妈妈面前撒娇，看着他们的孩子那样幸福，我太难受了，我的幸福在哪儿呢？"作为接线员，此时我不知道该说什么，只是深情地说："孩子，听了你17年的经历，我觉得你太不容易了，有一种冲动，如果离得近，如果你在我面前，我真想抱抱你！"我有些动容，眼泪也扑簌簌掉下来。电话那头，孩子哇哇大哭起来。适当的发泄，是最好的治愈。良久之后，对话继续。

"哭过之后是不是会舒服些？哭也是一种发泄呢！"我小心地说。"每个人都会有不同的经历，你17岁有这么多烦恼，我们40多岁也会有很多困惑，比我们再年长的也会有他们的不如意，这就是生活！只是你的17年更不容易！"对方渐渐止住了哭声。

"有没有想过再过几年，你会找到一个爱你的人，组成幸福的家庭，那个时候你将感受到很多的爱？"对方依然没有说话。适当的憧憬，让孩子看到了希望。痛苦是暂时的，生活不仅仅有黑暗，还会有黎明。

"几年太远了，我们一起再来想一个近一点的目标——两年之后，你考上大学。那时候你的视野会更加开阔，生活会更加丰富，你会成为家人的骄傲！其实听你的诉说，我感觉爸爸妈妈还是爱你的，否则住校生活也是一笔不小的开支呢，如果不爱你，他们不会供你上高中、读大学，这么想，是不是会感觉好一些？总是一味沉浸在不幸当中，那就永远感受不到快乐，而且消极的应对只能让自己自怜自艾，时间久了，会成为心病。心情糟糕没有减少，美好的事物也会被你忽视掉。"小女孩听得很认真。我的声音不急不缓，像春风拂过，又像小溪潺潺，更确切地说，是给孩子提供了一个安全的港湾，让她靠岸。

"可能两年还是有点远，知心姐姐想跟你做一个现在的约定，不知你愿不愿意？"

小女孩好奇地问是什么。

"每天睡觉前，把自己最快乐的三件事想一想、写一写，带着快乐入睡，醒来总是看到暖暖的阳光，心也是暖的。"

小女孩咯咯地笑了，说："知心姐姐，这个并不难，其实每天我也不全是痛苦，跟同学在一起还是很快乐的。"

"那太好了，看来我们的约定是可以兑现的。"

由远景目标到近期目标，再到现实的改变，小女孩豁然开朗，她笑着欣然接受，再三感谢之后，放下了电话。

【案例分析】"孩子，如果离得近，我真想抱抱你！"一句共情的话语，一下子拉近了我与孩子的距离，逐渐走进、慢慢打开纠结的内心，是我们顺利沟通的保障。孩子缺少的是什么？家人的爱。而父母长期吵架以及离异后的生活，在孩子幼小的心灵里留下了深深的阴影，此时一句安抚的话语、一个温暖的拥抱都会令孩子感动。相信每一个有爱心的班主任都能为孩子提供这样一个"港湾"。学生既然有缘和我们相遇，我们就有责任去呵护一个个幼小的心灵。

五、成长同步，沟通才能同步

沟通是一门艺术，也需要不断的学习。学生在慢慢长大，和家长沟通的语境也在不断变化。与其说班主任在引领学生和家长成长，不如说沟通让我们和学生、家长共成长。

📖 案例分享

"都是我们无能啊！"

打电话来咨询的是一位初二女生的妈妈，初中没毕业，在一家学校做生活老师，爸爸是一家快递公司的快递员。这位妈妈说孩子很叛逆，瞧不起自己的父母，在五年级的时候曾写过一张小纸条，称要不是自己的父母，真想杀了他们！夫妻二人曾因为无法和孩子沟通，假意离家，但在孩子向姥姥求助后，无条件留下来。曾经因为孩子用手机、电脑聊天，耽误学习，夫妻二人一气之下，将电脑、手机全部砸掉。孩子借来手机玩，二人干预，后来孩子开始偷家里钱，有时候夜不归宿，说"跟你们简直无法沟通！"妈妈不停自责，一边说一边哭："都怪我不会说话，不会教育孩子！我该怎么办？"

父母自身学历不高，但对孩子有较高的期望，有教育意识，在孩子出现问题时，能够直接干预。在干预无效之后，还能想到求助知心热线。可见妈妈内心希望和孩子有效沟通，希望能对孩子有所帮助。

沟通不畅的原因何在呢？首先，父母内心不够强大，认为自己学历低，教育孩子没有底气。其次，教育方式简单粗暴，缺少心灵的触动，缺少情感的交流。

接线的过程分为倾听共情、唤醒自省、商讨策略、寻求改变四个步骤。

共情。"听到你的哭泣、你的倾诉,作为妈妈我能感受到你那份焦急与无助,感受到你真的希望孩子好的心情。别太自卑,自己的内心先强大起来。创造生命本身,把孩子养这么大的经历就说明了母爱的伟大;主动寻求知心热线,更说明了你的责任感。别着急,一定会有办法的!"

自省。孩子为什么不喜欢回家?回到家里她听到的话语、看到的行为、感受到的情感是什么?(通过角色互换让妈妈来感受)平时的管教除了唠叨就是指责,从没有鼓励和赞赏,而且批评也不在点上,因此除了导致孩子反感,没有任何指导作用。心爱的电脑、手机被砸,让孩子对父母更增加了一层恨意,心是冷的,情是冷的。

调整。针对目前孩子偷拿家里的钱、不爱回家等表现,设想不给孩子买手机,后果会怎样?(可能会偷拿别人的东西、进网吧、和社会上的人接触……)无原则妥协,给孩子买手机会不会改变孩子的现状?(不会,孩子会是一副胜利者的姿态,孩子依然不会感恩,更加视父母为无能!)

● 放低姿态,自我检讨。以知心热线为突破时机,向孩子承认粗暴砸手机、电脑等行为的不理智,以及对孩子的伤害。

● 共同面对,走出纠结。手机是现在孩子都需要的,对学习和生活确实有帮助,家境再不富裕也应该买,但怎么买?买完以后怎么使用需要君子约定。可以由爸爸妈妈预支款先垫付,孩子靠自己的努力赚取手机费用,按约定时间上网、按学校要求完成各项任务、每天按时回家……通过赚取手机费用来矫正孩子的不良行为习惯。

● 真诚沟通,呼唤亲情。"爸爸妈妈的确学历不高,家境不富裕,本事不大,但凭借自己的劳动,把你养大、供你上学,再大的困难也努力去克服。生活中有些是可以改变的,有些是不可以改变的。不想再吃我们吃过的苦,改变的希望在你自己身上。你将来怎么样,我们都会和你在一起,陪伴你!一家人需要真情,需要相互帮衬,爸爸妈妈需要你，你也需要爸爸妈妈。"

● 自强自立，共同改变。"爸爸妈妈会经常给知心姐姐打电话，你也可以求助她们，弥补爸爸妈妈教育的不足。当我们发现对方做法不合适的时候，及时沟通，我们一起改变。"

孩子的妈妈慢慢止住哭声，略带羞涩地说："我不会说话，但我决定试试看。"相信我和她之间的沟通，让无助的她或多或少受到一些启发：孩子成长需要家长的陪伴，孩子的改变需要家庭的改变！

【案例分析】教育的无力感是当下家庭教育和学校教育经常会面临的一个新问题。孩子的成长是飞速的，获取信息的途径是多元的，当我们的成长不能做到与孩子同步时，不必盲目自责，一方面要主动学习、思考，努力成长，另一方面尊重孩子，试着理解孩子，遇到冲突时，先让自己冷静下来，不带着情绪说话和做事。当山穷水尽时，适当转介，找一个孩子信赖的人，来和孩子沟通，也许会柳暗花明又一村。

后　记
静享教育之美

很喜欢当代诗人臧克家的诗《老黄牛》,"块块荒田水和泥,深耕细作走东西。老牛亦解韶光贵,不待扬鞭自奋蹄"。2018年9月,我——一名普通的教师被评为"育英学校校内教育家",真的是诚惶诚恐,我清楚地记得当时的即兴发言。

  最想说的就是感谢,感谢学校为我——一名中年教师提供的发展平台,让我感受到教师的职业幸福;感谢各位亲爱的同事,陪伴我走过的每一天,在智慧碰撞中,在团队的互相帮助中,让我真切感受到个人的成长;更要感谢我的学生和家长们,一个个鲜活的故事、一天天彼此的陪伴,让我感受到价值,没有这些,我什么都不是。最后和大家分享一句话:怀着陪蜗牛散步之心,踏踏实实地做好每一件事,享受自己的职业幸福!

再回首自己的教育之路,回看一个个日积月累的小故事,幸福尽在不言中。

2018年我的海燕班毕业之际,送给我一份礼物。那天晨检,班长走上讲台,"老师,今天的晨检能让给我们几分钟吗?"我说:"可以!"我刚要退下讲台,班长拦住了我,"您就站在这儿别动!"随后全班同学齐刷刷地站起来:"老师,您辛苦了,我们永远爱您!"我被惊到了,还没醒过神儿来,班长又双手捧上一个盒子,"老师,请您把它放在桌上,轻轻打开,这是我们全班同学的一点心意!"

我小心翼翼地掀开上面的盖子,"哗啦",盒子盖呈八个花瓣式散开,每一瓣上都是一张照片,再打开里面的第二个盖子,又是花瓣式散开,连续五层。

"老师,您教我们五年,跟每个人都有许多故事,因为我们班的情况比较特殊,所以您付出那么多,却没有得到任何荣誉,但是在我们心中,您是最美的,我们永远爱你!"我听完瞬间泪奔。盒子的最里层是每个孩子的签名和一颗颗令人回味的爱心,而这一张张照片,都是他们在班级故事中留下的最美好的记忆。

在毕业之旅的联欢会上,孩子和家长的发言更是让我终身难忘!

——老师,您对我们每个人都是不抛弃、不放弃,在我们心中,您公平地对待每一个人,和每个人都有那么多小故事。你不止教会我们知识,更教会我们做人。

——老师,您从不大声呵斥我们,而是告诉我们该怎样去做!您和我们做沙盘的场景我这一辈子都不会忘,我们爱您!

——老师,我们平时面对一个孩子都焦头烂额,有了二胎,更顾不过来,是您用爱感召我们,让我们有了不抛弃不放弃的动力,更是您教会我们教育孩子的方法,谢谢您!

一个我穿着旗袍、戴着围巾的石膏像是家长们送给我的一份心意,他们说我"诠释了优雅和精致",而我当时手捧石膏像,送给孩子们的毕业留言则是,"你们送给我优雅和精致的回忆,我送你们优秀、精彩的期待!我永远站在你们身后,拉拉队里面永远会有我的声音!"

特殊的礼物、特殊的情谊,正是在一个个平凡的日子里留下的串串足迹!每个学生都是一片花瓣,是一个个教育故事把每片花瓣装点得更加绚烂。更让人难忘的是和这些拾贝娃摸爬滚打、相爱相杀的三年,让我更深刻地理解了班级文化对每一个学生的浸润和熏陶。

教育需要的是合力,仅靠班主任说教是远远不够的,真正对学生影响最大的是班级文化。班会上孩子们和我一起画的那条路至今记忆犹新。孩子们说:"老师,这条路要画两条线,一条在上,代表您,一条在下,代表我们,这条路要弯弯曲曲,因为这四个月我们班由一无所有到捡拾那么多宝贝,太不容易!但这条线要越来越平,越来越高,因为我们会越来越好。"孩子们说得认真清晰,我画得一丝不苟。而后我们分别用关键词表示每个月的感受,最后是用最形象的描述为我们的故事起名字。

您看我们是陌生的,因为您原来并不了解我们,您一个人要认识我们38个人,当然是陌生的,而我们38个人认您一个人当然是熟悉的。您没有想到我们有多么糟糕,因为您的海燕班每年都是优秀班集体,而我们从不知道什么是优秀。我们早就从校刊上看过您,知道您是知心姐姐,所以我们觉得很亲切。10月我们实在是憋不住了,心中对集体的认识还不清晰,控制不住自己的散漫,所以您绝望了,您哭了。而我们害怕会失去您,所以担心了。是您带我们找到集体,我们在改变,您也在改变。到了11月,我们都看到了曙光,我们都充满了希望……

八九岁的孩子真的不可小觑,老师不经意的一个动作、一个眼神、一句话都会对学生产生深远影响。我动情地说:"其实四个月我只做了一件事,就是唤醒了一头头沉睡的雄狮,你们创造了太多的故事。"

人们把教师比喻成园丁。的确,每个学生都是一朵绽放的花朵。他们需要成长的沃土,阳光的照耀,雨露的滋润,而学校正是学生成长的沃土,班级是属于我们自己的后花园,老师则是阳光,一个个小故事正是滋润他们的雨露。教育不需要太多的语言。育英学校的教育品质及表现的三个维度是对教师神圣使命的深刻诠释,"充满友情关爱的学校,让师生之间、生生之间、同事之间的彼此关照和相互温暖,充盈在教育的每一个环节和空间里"。当彼此关照、相互温暖充盈在每一个角落,当学生的潜能被激发、创意灵感被激活的时候,校园生活会促成一批又一批学生的成长,同时一批又一批有思想、有责任和担当的教师也会和学生共成长。回想我作为教师、作为班主任的每一天、每一年,我感觉累并快乐着,默默享受着"桃李不言,下自成蹊"的职业幸福。

还有两年,我就要光荣退休,离开我热爱的教师岗位,但是它带给我的职业幸福将成为我永久的回忆。愿我亲爱的班主任战友们,和我一样,精致地过好和学生的每一天,若干年后再回首,也是满满的幸福。

图书在版编目（CIP）数据

不发火、不说教，也能带好班：小学班主任工作智慧 / 郝晓青著.
—上海：华东师范大学出版社，2024.
ISBN 978-7-5760-5546-7

I. G625.1

中国国家版本馆 CIP 数据核字第 2024JH4193 号

大夏书系 | 全国中小学班主任培训用书

不发火、不说教，也能带好班： 小学班主任工作智慧

著　　者	郝晓青
责任编辑	任红瑚
责任校对	杨　坤
封面设计	百丰艺术

出版发行	华东师范大学出版社
社　　址	上海市中山北路 3663 号　邮编 200062
网　　址	www.ecnupress.com.cn
电　　话	021-60821666　行政传真 021-62572105
客服电话	021-62865537
邮购电话	021-62869887
地　　址	上海市中山北路 3663 号华东师范大学校内先锋路口
网　　店	http://hdsdcbs.tmall.com/

印 刷 者	北京密兴印刷有限公司
开　　本	700×1000　16 开
印　　张	12.5
字　　数	160 千字
版　　次	2024 年 11 月第一版
印　　次	2024 年 11 月第一次
印　　数	3 000
书　　号	ISBN 978-7-5760-5546-7
定　　价	55.00 元

出 版 人　王　焰

（如发现本版图书有印订质量问题，请寄回本社市场部调换或电话 021-62865537 联系）